Christian Appelt

Klänge des Lebens

Christian Appelt

Klänge des Lebens

Die heilenden Urklänge des Universums

Verlag Hermann Bauer
Freiburg im Breisgau

Die Deutsche Bibliothek – CIP-Einheitsaufnahme

Ein Titeldatensatz für diese Publikation ist bei der Deutschen Bibliothek erhältlich

1. Auflage 2000
ISBN 3-7626-0762-1

Einband: Werbeatelier ArKon, Basel, unter Verwendung eines Fotos von © Corel Professional Photos (Wasserfall) und © Mauritius/Grafica.
Satz: Nies-Lamott Design, Freiburg i. Br.
Druck und Bindung: Freiburger Graphische Betriebe, Freiburg i. Br.
Printed in Germany

Inhalt

Teil 1
Was Sie wissen sollten

Die kosmische Oktave

Meditationsanregungen zu den Klang-Archetypen

Wie Sie die Wirkung der Klang-Archetypen verstärken können

Schluß

Dank

An dieser Stelle möchte ich all den fleißigen HelferInnen danken, die mit zu diesem Buch beigetragen haben: Dagmar, die immer größte Hochachtung vor diesem Projekt hatte und seine Veröffentlichung leider nicht mehr erleben konnte; Jens und Steve für die kosmisch gestimmten Anregungen; Hans Cousto für seine kreative Forschung und seine wertvollen Entdeckungen; Jürgen, dem »Henriette-Herbst-Anwalt«, für das Probelesen und seine Euphorie; Fritz und Claudia für die konstruktive Kritik; Erika für die ganze Lektoratsarbeit; Marlies für ihre seelische Unterstützung; meinen Eltern für die großzügige finanzielle Unterstützung und nicht zuletzt meinem Verleger Friedrich Kirner für die vielen konstruktiven Ideen und Hinweise, mit denen er mich immer wieder zu überzeugen wußte.

Die Beschäftigung mit den Tönen der Klang-Archetypen schafft neues Urvertrauen –
Urvertrauen in die Kraft der Schöpfung und in die Schönheit der Welt

Ein ganz persönliches Vorwort

Das Leben benötigt schwerere Elemente als Kohlenstoff, Stickstoff, Sauerstoff und Eisen, welche die Sterne aus leichteren Elementen schmieden und im interstellaren Raum versprühen, sobald sie ihr Leben aushauchen. Aller Sauerstoff, den wir atmen, alles Kalzium in unseren Knochen und das Eisen in unserem Blut stammen also von den Sternen, die vor Milliarden von Jahren gestorben sind.

Ken Crosswell [1]

Nun ist dieses Buch also fertig, und nach all den Jahren des Forschens und Meditierens liegt jetzt ein fundiertes, praktisch nutzbares Arbeitswerk zum Umgang mit den Klang-Archetypen – jenen seit Urzeiten uns beeinflussenden Planetenklängen – und damit zur Begegnung mit der eigenen Seele und ihrer kosmischen Existenz vor. *Klänge des Lebens* ist eigentlich ein Buch über die kosmische Grundlage der Musik und deren Wirkung auf die lebendige Welt.

Unter Klang-Archetypen verstehe ich die uns seit Ewigkeiten begleitenden planetaren Urtöne. Der Begriff Klang-Archetyp gemahnt an die Lehre des kollektiven Unbewußten nach C.G. Jung und verschafft diesen Klängen eine ungeahnte Bedeutungsdimension.

Aber eines nach dem anderen: Angefangen hat für mich alles damit, daß ich Mitte der 80er Jahre in Köln eine Lesung von Prof. Joachim-Ernst Berendt besuchte, dessen bahnbrechendes Buch *Nada Brahma – Die Welt ist Klang* längst verschüttete Tore in meinem Inneren öffnete. Berendt erzählte von der engen Verquickung des Kosmos mit den Schwingungen der Gestirne und Planeten sowie Musik nebst Literatur, von dem gemeinsamen Band der Harmonie zwischen Sonne, Mond und Sternen, Kultur und Sprache, Hermann Hesse und John Coltrane: Nada Brahma, die ganze Welt ist Klang!

Leider ist Prof. Berendt im Februar 2000 in Hamburg tödlich verunglückt. Mögen diese Zeilen dem Andenken an seine große Persönlichkeit gewidmet und dieses Buch ein würdiger Nachfolger sein.

Als wäre uraltes Wissen in mir wachgerufen worden, begannen in den folgenden Wochen und Monaten Träume mich zu suchen, Träume von strahlenden lichten Klängen, von Musikströmen in gotischen Gewölben, aber auch von unfaßbaren Katastrophen und Feuerstürmen.

Als ich mit Gleichgesinnten zu den von Berendt beschriebenen Sternenklängen meditierte, stellte ich fest, daß auch meine Freunde von inneren Katastrophenbildern völlig überrascht wurden. Wie ein Vorhang schoben sie sich vor die wunderschönen inneren Bilder eines tiefen Friedens. Es waren eindeutig Szenen kosmischer Katastrophen: herabstürzende Sterne, kochende Meere – Zerstörung, wie ich sie einst bei dem Musikstück »Fly And Collision Of Coma Sola« von der Gruppe Tangerine Dream in mir gefühlt hatte. Noch wußte ich nicht, daß ich Jahre später mit einem dieser Musiker die CD zu diesem Buch entwickeln sollte. Vorerst fühlte ich mich an die erregende Lektüre von Velikovskys *Welten im Zusammenstoß* erinnert, genau jenes Werk, das von unseren inneren Bildern als historische Tatsachen spricht, von denen in den Schriften und Erzählungen der Urvölker die Rede ist. Tragen wir diese Bilder heute noch in uns?

Als Büchernarr hatte ich mir von meinem damals spärlichen Geld wichtige Grundlagenwerke zusammengekauft: Da standen nun im Regal neben den CDs von Hawkwind, Coltrane und John McLaughlin die Werke von Hesse, Goethes naturwissenschaftliche Schriften, Keplers *De Harmonices Mundi* in der zweisprachigen Prachtausgabe, Galileis *Dialog*, die Bibel, Berendts *Das dritte Ohr*, Capras *Wendezeit*, eine Biografie über Kopernikus und Newton, Damasios *Descartes' Irrtum*, Velikovskys *Welten im Zusammenstoß* und viele andere mehr.

Die Lektüre dieser Bücher sowie nächtliche Betrachtungen des Sternenhimmels – vor allem von exponierten Standorten in der Bergwelt rund um Oberstdorf aus – ließen diese Zeit zu einem der erregendsten Abschnitte in meinem bisherigen Leben werden.

All-Eins-Sein heißt eins sein mit dem All.
Die Schwingungen des Alls wahrzunehmen und sich auf diese Schwingungen einzustimmen heißt, sein Leben – oder einfach sich selbst – mit dem All in Einklang zu bringen.
Ist die Person (lat.: per-sonare – zum Klingen bringen, hindurchtönen) im Einklang mit dem Kosmos, so resoniert der Kosmos in ihr, der Kosmos findet seinen Widerhall in der Person. Wird man sich dessen bewußt, hat das Bewußtsein kosmische Dimensionen erreicht.

Hans Cousto

Ich hatte eines Tages gerade der Stimme Gerd Westphals gelauscht, die aus Hesses *Klein und Wagner* zitierte, als ich Hans Cousto über den Weg lief, der zu dieser Zeit auf Vortragstournee über die mathematische Grundlage der Urtöne und die kosmische Oktave war.

Der Abend fand in einem ungemütlichen Hotelraum nahe des Kölner Domes statt, aber das Thema fiel auf fruchtbaren Boden, und Stunden später »begriff« ich all diese Fragmente und Zusammenhänge. Alles wurde eins, wurde ein strahlendes Lichtspiel voller Bewegungen und Strudel, und mittendrin schwebte ich selbst, Teil des Ganzen und eins mit Allem, All-eins.

Ich begann nun neben meinem eigentlichen Studium der Religionen und der Ethnomedizin mit den Untersuchungen über die therapeutischen Möglichkeiten der sogenannten Planetentöne. So folgte ich den Spuren Coustos, traf auf Fritz Dobretzberger, auf den Gong-Experten Jens Zygar, der mit dem Keyboard-Spezialisten Steve Schroyder unter dem Namen Star Sound Orchestra Klang-Archetypen in unglaublich inspirierende und heilende Musik umsetzt. Wer hat nicht den berühmten Auftritt von Jens Zygar in der Balver Höhle im Fernsehen gesehen?

Anfang der 90er Jahre veröffentlichte ich einen erfreulich erfolgreichen Artikelzyklus über die therapeutischen Möglichkeiten der Arbeit mit Planetentönen in der renommierten Monatszeitschrift »Natur und Heilen« und erlebte hautnah, auf welch fruchtbaren Boden das Thema gefallen war. Später arbeitete ich in meinen Meditationskursen mit diesen Klängen und spürte mehr und mehr – auch als Feedback meiner KursteilnehmerInnen – von diesem tiefen Einssein mit der Welt, das uns durch die moderne »Entzauberung der Welt«[2] verlorenging

Auch hier erzählten mir LeserInnen vom Auftauchen kosmischer Katastrophenbilder vor den Eindrücken eines tiefen inneren Friedens. Und langsam formte sich aus den vielen Wissensfragmenten in meinem Kopf die Theorie, daß wir alle kollektiv verdrängte Erinnerungen an längst vergessene Katastrophen in uns tragen, die einen eigenen seelischen Sprengsatz darstellen, wenn wir sie nicht durch innere Arbeit erlösen.

In diesem Sinne ist *Klänge des Lebens* der Versuch, all die Fragmente und das in den letzten Jahren von mir und vielen anderen erarbeitete Wissen in Worte zu fassen. Es soll Ihnen eine vielfarbige Hilfe anbieten, sich und die Welt, in der wir leben, besser kennenzulernen, taubgewordene Ohren zu sensibilisieren und heilend an der eigenen Seele und damit zugleich an der Welt tätig zu werden. Als Hilfsmittel bedarf es keiner teuren Medizin, keiner modernen Drogen, keiner ausgeflippten Reisen zu den ausgefallensten Kraftplätzen der Erde.

Wir brauchen nur unsere Augen und Ohren wieder sehend bzw. hörend zu machen und den verborgenen Klängen der Planeten, jener Klang-Archetypen, wie ich sie nenne, gewahr zu werden. Wir öffnen uns damit unglaublichen kosmischen Kraftquellen.

Der Weg ist das Ziel

No more to cry, oh mortal soul!
The Astral path is now your fortuitous role.
(O du sterbliche Seele!
Es gibt nichts mehr zu beweinen
Denn der astrale Pfad ist nun deine schicksalsgebende Aufgabe.)
Hawkwind

Klänge des Lebens soll Sie auf spannende und behutsame Weise in Kontakt mit den Klang-Archetypen bringen, jenen ungeheuer kraftvollen planetaren Heilklängen, die ihre tiefen Wurzel in den mächtigen Rotationen unserer Himmelskörper haben und die uns von Anbeginn unseres Lebens vitalisierend und harmonisierend beeinflussen.

Klänge des Lebens versteht sich im ersten Teil als ein spannendes Lese- und im zweiten Teil als ein Arbeitsbuch, als eine vielfarbige Ideenfundgrube, die Sie ermuntern soll, sich mit den unserem Leben zugrundeliegenden Schwingungsphänomenen auseinanderzusetzen, ohne die jedes irdische Leben undenkbar ist.

Es wird eine Reise werden zu den unendlichen Wachstumsenergien, die unsere Körperzellen rund um die Uhr durchpulsen, zu den unerschöpflichen Lichtquellen unserer Seele und zu den friedlichen Weiten unseres Geistes. Kurze Ausflüge in die Geschichte vieler tausend Jahre sollen Ihnen illustrieren, daß es sich hier nicht um völlig neues Wissen handelt, auch wenn es erst in den letzten Jahren wissenschaftlich beschreibbar wurde.

Ich möchte Sie zu einer intensiven und kritischen Auseinandersetzung mit diesen unglaublichen Kraftquellen einladen. Erfahren Sie die Energien am eigenen Leib!

Dabei werden Sie erleben, daß Sie diese mächtigen Schwingungsfelder ganz von selbst unter Ausnutzung universaler Resonanzprinzipien in eine ungeahnte innere Harmonie bringen, wenn Sie ihnen nur den geeigneten Raum gewähren.

Sie lernen bei unserem Streifzug durch die Welt der Klang-Archetypen aber auch zu spüren, daß ein Verlassen dieser naturgegebenen Schwingungs- und Klangfelder und ein Sich-Öffnen für sogenannte »bad vibrations« (schlechte Schwingungen) schlicht krank macht und daß in der Anwendung der Klang-Archetypen ein ganz enormes und befreiendes Heilungspotential liegt.

Seien Sie sicher: Alles, was Sie diesbezüglich

brauchen, ist im Überfluß da und ständig um Sie herum. Aber wir müssen diese Gewißheit spüren und bewußt halten, sonst verlieren wir das Urvertrauen in die Schöpfung. Viele von uns haben es bereits verloren und leben mehr und mehr auf »Untergangskurs«, d.h., sie entfernen sich von ihrer kosmischen Heimat.

Sie werden feststellen, daß an verschiedenen Stellen Platz für Ihre Notizen vorhanden ist, so daß Sie *Klänge des Lebens* zu einem kosmisch gestimmten Tagebuch machen können. Oder legen Sie ein eigens für *Klänge des Lebens* persönliches Tagebuch an, in das Sie wesentlich mehr schreiben können. Außerdem empfehle ich Ihnen auch, sich einige Buntstifte in den klang-archetypischen Farbtönen entsprechend der abgebildeten Farbskala (S. 17) anzuschaffen sowie Malpapier und Pinsel ...

Nun zum Fahrplan dieses Buches:

Im ersten Teil sollen einige bemerkenswerte historische Fragmente Sie auf das Thema einstimmen und zeigen, daß sich die Menschen schon immer mit diesem Thema auseinandergesetzt haben, die Klang-Archetypen erfühlt haben und seit Jahrhunderten erbitterte Gegner finden, deren taub gewordene Ohren unangenehm gereizt werden.

Danach mache ich Sie mit den Wahrnehmungsgrundlagen durch Resonanz vertraut und führe Sie in das eigentliche harmonikale Thema der kosmischen Oktave im Sinne Hans Coustos ein und damit in die Wirksamkeit der Klang-Archetypen.

Auch gehen wir der immer wieder kritisch vorgebrachten Frage nach, wie konstant denn die Klang-Archetypen als Größe durch die Zeiten gewesen sind, und entdecken dabei einige neue Gründe, warum das bereits vorhandene Wissen vor langer Zeit erlosch und nun neu entdeckt werden muß.

Daran schließt sich ein Rundgang durch die Welt der wichtigsten Klang-Archetypen an, der Sie mit farbigen Anregungen zum Experimentieren ermuntern soll.

Danach folgt der praktische Teil mit Heilmeditationen, Chakrenarbeit, »phonophoretischen« Behandlungen als neuartige Weiterentwicklung einer nadelfreien Akupunktur sowie Anregungen zur Arbeit mit kosmisch gestimmten Stimmgabeln und Gongs.

Den Abschluß des Buches bilden ein Aufsatz über die kosmisch gestimmte Farbmusik, die von den Harmonikern Fritz Dobretzberger und Johannes Paul entwickelt worden ist, und ein Aufsatz über den führenden Musiker der kosmisch gestimmten Musik, Steve Schroyder, ein Abbildungsteil und eine kommentierte Hör- und Literaturliste.

Getreu dem weisen Motto »Der Weg ist das Ziel« lassen Sie uns nun den Weg zu den Urklängen unseres Universums beschreiten, ihre Resonanzen und Wirkungen neu entdecken und alte Kräfte mit neuer Bewußtheit und neuer Lebendigkeit erleben.

Folgen Sie mir auf den nächsten Seiten in die Kulturgeschichte der letzten 2 500 Jahre, und lassen Sie uns zuschauen, wie exemplarisch im alten China im Ein-Klang mit der Welt und ihren harmonikalen Energien gelebt wurde, wie jedoch zur Zeit von Aristoteles – 350 Jahre vor der Zeitenwende – das Wissen um die korrekten astronomischen Verhältnisse erlosch.

Dann richten wir unseren Blick aufs frühe Mittelalter und finden ein Europa vor, das die Sternenschrift nicht mehr versteht. Das ausgehende Mittelalter bringt dann wieder Licht in das selbstinszenierte Dunkel, und in der zweiten Hälfte des 20. Jahrhunderts ebnen geniale Wissenschaftler den Weg zu den wahren Tatsachen.

Speziell zu diesem Buch gibt es eine gleichnamige CD, die ich mit dem bekannten Keyboard-Virtuosen Steve Schroyder konzipiert habe. Die Musik ist für jede Art von Meditation und Entspannung geeignet. Sie soll Ihnen den Zugang zu den Klang-Archetypen erleichtern. Die Bezugsquelle sowie die aller im Buch erwähnten Klang-Artikel finden Sie auf S. 186

Auf geht's, die Reise beginnt ...

platonisches Jahr | *Erdentag* | *synodischer Mond* | *Sonne* | *Erdenjahr* | *platonisches Jahr*

Teil 1

Was Sie wissen sollten

Etwas bläst aus tausend verschiedenen Löchern.

Eine Macht steht hinter alldem und läßt die Töne verklingen.

Wer ist diese Macht?

Meister Ki [3]

Szene 1
China vor 2300 Jahren

Der Abend kam, und der Tag neigte sich seinem Ende zu. Es stellte sich diese seltsam ruhige Stimmung ein, wie wir sie nur auf der hauchdünnen Grenzfläche zwischen Nacht und Tag bzw. Tag und Nacht antreffen.

Der alte wohlhabende Mann beendete das ausgiebige Studium seiner Schriften und ließ das Gelesene in seinem Geiste hin- und herschwingen, geradeso wie es der Abendwind mit den Schilfrohren am Flußufer tut.

Er wiederholte still vor sich hin immer wieder die Worte, in denen abgründig ein heiterer Sinn steckte, wie er fand:

Wenn die große Natur seufzt, hören wir den Wind,
der selbst ohne Stimme,
ringsum Stimmen weckt
mit seinem Blast.
Aus jeder Spalte kommen Stimmen.
Hast du diesen Sturm von Tönen nie gehört?

Dschuang Dse [4]

Der alte Mann beschloß im sanften Licht des hereinsinkenden Abends noch einmal zu seinem Fluß zu schreiten, der nur wenige Schritte hinter seinem Haus seinen jahrtausendealten Weg durch die weiten Schilf- und Bambusflächen nahm. Auf seinen hölzernen Gehstock gestützt, schritt er heiteren Gemütes in das purpurfarbene abendliche Licht hinaus.

Er schlug den Weg zu den Ufern ein, durchquerte hüfthohe junge Bambussprößlinge und umging moosbewachsene Monolithen, Grüße aus den bizarren Gebirgen am nördlichen Horizont, einst von gewaltigen Fluten mitgerissen und hier ihrem Schicksal überlassen.

Er ließ sich auf einem stattlichen Stein nieder und lauschte dem ewigen Selbstgespräch des Flusses. Diese Unterhaltung wechselte ihre Themen ständig. Es war immer wieder von höchstem Genuß zuzuhören.

Aus der Tasche seines weiten Gewandes holte er die Stimmpfeife, eine steinerne Flöte, ein kostbares Erbstück, obgleich es nur einen einzigen Ton hervorbrachte.

Er entlockte ihr einen einzelnen hohen Ton, diesen purpurfarbenen Klang, der sich langsam verlierend über den weiten Fluß, ebenso aber auch in seinem Inneren ausbreitete und schließlich alles eins werden ließ.

Nach einer Weile stimmte er ein einfaches, auf

diesem Grundton basierendes Lied an. Seine nach all den anstrengenden Lebensjahren leicht zitterig gewordene Stimme verband sich mit dem Rauschen des Windes in den Schilfhalmen, mit dem heiseren Schrei des Abendvogels und dem inzwischen mehr und mehr vergehenden Licht, das gnadenlos das Kommen der Nacht ankündigt, so wie es früh morgens im Verschwinden begriffen auf das Nahen der Sonne weist.

Hier an der Grenze zwischen Tag und Nacht, hier auf der Grenze der Dinge lag das Geheimnis in greifbarer Nähe, sofern man nicht danach griff. Und dieses Geheimnis besang der alte Mann so oft er konnte. So hatte er es von seinem Vater gelernt, so hatte es dieser einst gelernt ...

Fazit: In den naturverbundenen, von den taoistischen Lehren des Lao Tse beeinflußten Flußtälern des alten China ist das Wissen um die harmonikale Beziehung von Erde, Klang und Farbe lebendig. Die chinesische Geisteskultur wird zu jener Zeit wesentlich vom Klang-Archetyp des platonischen Erdenjahres (dazu später mehr!) bestimmt.

Szene 2
Platon irrt sich… eine vielleicht wahre Geschichte

Inspiriert von Lynn E. Rose, dem großen Aristoteles-Forscher

Aristoteles

Aristoteles war über alle Gebühr verärgert, oh ja, er, der große Aristoteles hatte einen Gewissenskonflikt zu lösen, dessen Folgen möglicherweise weitreichende Ausmaße annehmen würden – oder auch nicht. Was waren denn Menschen schon mehr als Abdrücke eines Fußes im Sand der Zeit.

Gerne unterrichtete er die Lehren seines inzwischen leider verstorbenen Vorbildes Platon. Er hatte seine Schriften gelesen und so verinnerlicht, wie ein Schüler das Wissen eines geachteten und brillanten Lehrers verinnerlicht: tief und gründlich. Wie war er zutiefst berührt gewesen, als er mit seinen 17 Lebensjahren in die Gemeinschaft der Akademie zu Athen eintrat.

Aber verflucht sei er auch, nein, nicht Platon, eher sein mazedonischer Herr, Alexander der Große, denn es gab da ein Problem …

Aristoteles blätterte zum wiederholten Mal an diesem prachtvollen Spätsommermorgen in den Schriften des Timaios. Und er las zum wiederholten Mal das Gespräch zwischen Kritias und Sokrates vom Besuch Solons bei einem ägyptischen Priester, der folgende Worte sprach: »Ihr seid alle jung an Geiste (…), denn ihr tragt in ihm keine Anschauung, welche aus alter Überlieferung stammt, und keine mit der Zeit ergraute Kunde. Der Grund hiervon aber ist folgender: Es haben schon viele und viele Vertilgungen der Menschen stattgefunden und werden auch fernerhin noch stattfinden, die umfänglichsten durch Feuer und Wasser, geringere aber durch unzählige andere Ursachen. Denn was auch bei euch erzählt wird, daß einst Phaeton, der Sohn des Helios, den Wagen seines Vaters bestieg und, weil er es nicht verstand, auf dem Wege seines Vaters zu fahren, Alles auf der Erde verbrannte und selber vom Blitze erschlagen ward, das klingt zwar wie eine Fabel, doch ist das Wahre daran die veränderte Bewegung der die Erde umkreisenden Himmelskörper und die Vernichtung von allem, was auf der Erde befindlich ist, durch vieles Feuer, welches nach dem Verlauf (gewisser) großer Zeiträume eintritt. (…)

Ihr dagegen und die übrigen Staaten seid hinsichtlich der Schrift und alles anderen, was zum stattlichen Leben dazugehört, immer eben erst eingerichtet. (...) alles dies blieb euch verborgen, weil die Übriggebliebenen viele Geschlechter hindurch ohne die Sprache der Schrift ihr ganzes Leben hinbrachten.«[5]

Aristoteles wußte es genau: Platon hatte sich stets nach Kräften bemüht, die Überlieferungen seiner Vorväter zu lehren, gerade diese Überlieferungen berichteten vom Grauen, das gerade zwei Handvoll Generationen zurücklag.

Aber wie können die Himmelskörper ihre doch so sicheren Bahnen verlassen? Alexander hatte ihn gestern im hohen Licht des Mittags, hier an diesem gelehrten Ort, genau dies gefragt, hatte verwiesen auf die zunehmenden Unruhen im Volk, wo sie hinter vorgehaltener Hand vom Untergang der Welt erzählen, sich nachts zusammenfinden und große Worte über das nahende Weltende führen.

Nach solchen Vorstellungen scheinbar machtlos der Vernichtung anheimgestellt und angefüllt mit anderen verrückten Gedanken, mochte wohl so manche Eingebung in die Köpfe der einfachen Menschen geraten.

Nun hatte der große Alexander von Vertrauten erfahren, daß er selbst einer der Schuldigen am nahenden Weltende sein sollte. Und das alles nur wegen dieser verrückten Ideen über herumtaumelnde Gestirne, die wie von Sinnen ihre Bahn um die Erde verlassen, Ideen in den Dickschädeln einfältiger Bauern. Ein gelehrtes Wort aus dem Munde des gelehrten Herrn Aristoteles hatte Alexander gefordert, *ein Wort*, um den Unfrieden aus der Welt zu schaffen, und *kein Wort* mehr über diesen Unsinn. Im Klartext: Er solle diese Lehren nicht mehr weiter verbreiten.

Aristoteles mußte sich gegenüber zugeben, daß er viel zu wenig Kenntnis in der Himmelskunde besaß, um ein Urteil fällen zu können. Er atmete tief durch.

Sein Lehrmeister Platon mußte sich hier schlicht vertan haben. Entgegen seinen Vorstellungen verlaufen die Bahnen der Himmelskörper nämlich auf unabänderlichen Kreisbahnen ewiglich um diese wunderbare irdische Heimat. Mittels der absoluten göttlichen Kreisform läßt sich dieses auf das Beste darlegen, mit dem Auge läßt es sich am nächtlichen Himmel anzeigen – und damit basta! Aristoteles griff seufzend zu seinen Schreibutensilien ...

Fazit: Dramatisches ist auf der Erde passiert. Platon spricht von Katastrophen kosmischen Ausmaßes. Aristoteles stellt mit deren Verleugnung und mathematischer Umsetzung die Weichen zu einem erdzentrierten geozentrischen Fundament, auf das die gesamte alexandrinische Schule der Physik und Geometrie, die Astronomie von Archimedes, Euklid und Ptolemäus aufbaut – Weichen, die ein völlig falsches Bild von den kosmischen und harmonikalen Verhältnissen vermitteln.

Szene 3
Der Streit um das Osterfest

Inspiriert von Hans Coustos Darstellungen[6]

Columba hieß er, heute zumeist der heilige Columban[7] genannt, und er wuchs auf in der Einsamkeit der irischen Landschaft und der See um Leinster. Etwa gegen 580 nach Christus verließ er mit zwölf Gefährten sein Kloster und zog mit ihnen auf das Festland zu den Galliern. Was aber fanden sie vor? Alles andere als eine Welt des Friedens und des Glücks. Dafür gab es Kriege an so vielen Orten, und das in scheinbarer Verbindung zu einem völlig dekadenten Leben der Bischöfe und Herzöge im Land. Ein zerrüttetes Europa: Im Gegensatz zum Glanz der Höfe – zu dem das gar nicht passen wollten – predigte Columba mit seinen Gefährten die Verinnerlichung und die Strenge des irischen Mönchstums. Und Columba war fleißig. In der Folgezeit gründete er eine Reihe von Klöstern, die später zu großer Berühmtheit gelangen sollten, wie z.B. Luxeuil oder Anegray.

In seiner Begleitung befand sich auch ein blonder Jüngling namens Gallus. Sein scharfer Verstand und auch sein feuriges Temperament ließen ihn zu einer auffälligen Erscheinung werden, von der noch Großes zu erwarten sein würde. Sie hatten auf die in Irland gebräuchliche keltische Weise in Gallien das Osterfest gefeiert und die Wiedergeburt des Lichtes gepriesen. Im Westen sinkt in Gold und Rot das Tagesgestirn: »Zur selben Stunde flammt am Osthimmel der Vollmond empor. Lichtüberflutet ist die Erde nun im ganzen Umkreis: Es ist Ostern!«

Gallus, sein Schüler und Begleiter, hatte seither predigend allein das Land durchwandert, das Wetter war durchweg freundlich gewesen, und eine Woche war seit der Osterfeier vergangen. Dann traf er sich wieder mit Columba. Gallus schaute in das immer tiefer werdende Dunkel dieser Nacht. Stumm und wartend blickte er nach Osten, aber die Finsternis lag schwer über den Wäldern der Abtei. Kein Licht regte sich am Himmel neben den bleichen Sternen. Was hat diese unselige Nacht mit Ostern zu tun? Dann endlich tauchte eine schmale Sichel über den Hügeln auf. Gallus schrie auf! Er stürmte durch das dunkle Tor in die Abtei und klopfte an Columbas Zelle.

Nach einer kurzen Weile wurde er hineingebeten, aber ohne die gebührende Ruhe zu wahren, polterte Gallus los:

»Mein Vater, ich muß dir's sagen: Heute erst feiern sie im Frankenlande das Osterfest.«

»Gallus, ich weiß!«

»Mein Vater, aber es ist ein Sakrilegium! Mehr denn die halbe Nacht hindurch dauerte die glanzlose Schwärze. Diese Nacht ist außerhalb des Lichtes.«

»Ich weiß, Gallus, aber so ist es: Die Menschen verstehen die Sternenschrift nicht mehr!«[8]

Fazit: Europa im frühen Mittelalter: Das Wissen um die harmonikale Beziehung der Gestirne zum irdischen Leben ist nahezu erloschen. Aristoteles Lehren und die darauf aufbauenden Erkenntnisse stehen nicht mehr im Einklang mit der wirklichen Welt. Damit sind auch die Beziehungen zwischen Gestirnen, Klängen und Farben sowie die besonderen zeitlichen und räumlichen Qualitäten vergessen.

Szene 4
Kosmologischer Wandel im Mittelalter

Und sie dreht sich doch …
Galileo Galilei

Der bleiche, hohlwangige Mann zitterte am ganzen Leib in seinem Studierzimmer und blickte hinab auf den Vorplatz des hohen Domes.

Natürlich hatte er die Werke des Ptolemäus[9] viele Male gelesen. Natürlich wußte er, daß alle Welt der Überzeugung war, daß die Erde, auf der sie alle durch Gottes Gnade wandelten, der Mittelpunkt des Universums sei. Man brauchte nur die Handvoll seiner Astronomie-Kollegen zu befragen, und man würde auf das Trefflichste beschrieben finden, daß sich Sonne und die anderen Planeten auf Bahnen rund um den Erdball bewegen. Was sonst könnte ein Mann mit Verstand denn jeden Morgen und Abend mit gesunden Sinnen beobachten, wenn er den Lauf der Sonne und der Planeten studiere?

Und was sagt der Papst? Ebensolches!

Aber Ptolemäus – und hier regte sich in unserem jungen Studenten der Astronomie hoch über den Dächern von Frauenburg ketzerisches Gedankengut – mußte zur Untermauerung seiner These fundamentale mathematische Prinzipien relativieren.

Und außerdem – so grübelte unser Astronom – hatte er nicht seinerzeit in den Schriften des Archimedes über die heliozentrischen Thesen des Aristarchos von Samos gelesen. Jener hatte jahrelang die Stellungen von Sonne und Mond beobachtet und hatte daraus den einzigen mathematisch richtigen Schluß gezogen: Die Erde dreht sich um die Sonne. Leider war kein Werk, nicht einmal ein kleiner Ausschnitt erhalten geblieben. Und trotzdem …

Er wußte es nun besser. Er hatte die als ruhend und unverrückbar empfundene Erde als in rasender Bewegung begriffen und sie von ihrem göttlich erhabenen Platz im Zentrum des Orbit zu einem Planeten degradiert. Er würde nicht weiter schweigen, nein, gewiß nicht. Und er wußte Rat. Er würde seine Niederschrift, die ohne Zweifel und ganz und gar sicherlich die Herren Astronomen durch das Morgen- und Abendland in Aufregung versetzen würde, dem Papst Paul III. widmen.

Unter dem Schutz des heiligen Stuhles mochte er seine Forschungen fortsetzen können. Und damit sollte er vorerst Recht behalten. Seine Zeitgenossen Tidemann Giese und Nicolaus Schönberg, Kardinal von Capua, ermutigten ihn in den Stunden des Zweifels.

Tatsächlich erschien endlich im Jahre des Herrn

1543 *De revolutionibus orbium coelestium*, das Werk über die Umlaufbewegungen der Weltkreise, aber erst *nachdem* unser Astronom noch jahrzehntelang seine Thesen überprüft und noch viele schlaflose Stunden verbracht hatte. Und so lauteten seine drei revolutionären und in höchstem Maße Ärger erregenden Sätze:

Nikolaus Kopernikus

1. Für alle Himmelskörper oder Sphären gibt es nicht nur einen Mittelpunkt.
2. Der Erdmittelpunkt ist nicht der Mittelpunkt der Welt, sondern nur der Schwere und des Mondbahnkreises.
3. Alle Bahnkreise umgeben die Sonne, als stünde sie in aller Mitte.

Diese Erkenntnisse sind von dem einstigen Bewohner des Studierzimmers Nikolaus Kopernikus exakt formuliert worden und bis heute gültig. Auch die mathematischen Fehler des Ptolemäus wurden in dieser Zeit von Niccola Tartaglia in Venedig korrigiert. Daran änderte das kirchliche Verbot des Werkes 1616 absolut nichts mehr.

Fazit: Durch die damalige Begegnung von Morgen- und Abendland – wesentlich durch die Kreuzritter – hat die Mathematik große Fortschritte gemacht, und davon profitierte auch Kopernikus. Die Entlarvung mathematischer Fehler und die langsame Rückkehr zu den kosmisch stimmigen Erkenntnissen: Die Erde und die anderen Planeten unseres Sonnensystems drehen sich um die Sonne. Auf dieser unglaublich wichtigen Erkenntnis basiert die korrekte Berechnung der Klang-Archetypen! Der Weg zur wissenschaftlichen Entdeckung der Klang-Archetypen wird dadurch erst wieder möglich.

Szene 5
Eine »Tonne Dynamit« für die Astronomie

Wissenschaftliche Revolutionen entstehen nie in den Elfenbeintürmen der etablierten Lehrgebäude. Sie entstehen in den Hirnen genialer Außenseiter.

Thomas Kuhn [10]

Der betagte Mann betrat mit einem gelösten Lächeln auf den Lippen die Bühne und nahm Platz neben dem großen Carl Sagan, dem weltbekannten Aushängeschild der etablierten Astronomie. Die Halle in San Francisco war mit über 1400 Zuhörern zum Bersten voll – Applaus und Jubel wollten kein Ende nehmen.

Wer war dieser alte Mann, der sich hier eingefunden hatte, um dem Medienstar der Astronomie Paroli zu bieten?

Nicht nur, daß er ein absolut unglaubliches Buch geschrieben hatte und von Welten im Zusammenstoß redete, von der Geburt des Planeten Venus vor gerade einmal 3500 Jahren, von Beinahe-Kollisionen zwischen Mars, Venus und unserer Erde und dramatischen Katastrophen, die ihren Niederschlag unter anderem im Alten Testament und in praktisch allen anderen überlieferten Schriften der Völker gefunden hatten, nein, er hatte von diesem »Irrsinn in Buchgestalt« auch viele 100 000 Exemplare verkaufen können.

Es hatte eine einmalige irrationale Kampagne gegen den renommierten Macmillan-Verlag seitens der US-Universitäten gegeben, mit dem Ziel, der Verbreitung dieses »Irrsinns« Einhalt zu gebieten. Die Gegner des Establishments nannten Velikovskys Werk immerhin eine »Tonne Dynamit« für das etablierte Lehrgebäude – falls es denn stimmen sollte.

Nun, es war kein Mittelalter mehr, und immer mehr Menschen lasen das Unfaßbare, lasen, daß der große Aristoteles mit seinem Konzept vom Universum als ein in der Ewigkeit ruhendes Gebilde aus artigen Planeten auf Kreisbahnen schlicht unrecht hatte, obgleich er es eigentlich besser hätte wissen müssen – hatte nicht sein Vorgänger Platon ganz anderes berichtet?

Aber der Fall war klar. Die Venus ist noch ein junges Mitglied unseres Heimatuniversums, in der Mitte des zweiten Jahrtausends vor unserer Zeitrechnung ist sie als Komet mit der Erde beinahe kollidiert, Gebirge versanken, andere stiegen auf, die Pole kippten und die Sonne stand still ... So können wir es unter anderem im biblischen Exodus nachlesen.

Jahrhunderte später kollidierten Mars und der neue junge Planet Venus und kämpften am Himmel. Mars schlug es aus der Bahn, und 721 bzw. 687 vor Christus gab es die nächsten planetaren Showdowns, von denen unter vielen anderen Homer in der *Ilias* Zeugnis ablegt. Zeugnisse aus Altägypten, Japan, Mexiko, China, von den Babyloniern und den Etruskern, von großen Kalenderreformen, die den geänderten Tages-, Monats- und Jahreslängen Rechnung tragen sollten, listete Velikovsky mit charismatischer Stimme auf. Und er sprach davon, daß die überlebenden Menschen – jene, die Feuerstürme, planetare Winter und Polsprünge zitternd und jammernd, all ihrer Habe beraubt und dem Hungertod nahe, überstanden hatten – die Vorkommnisse in Stein geschlagen, auf Papyrus geschrieben und auf Schriftrollen gebannt haben.

Daß unsere astronomischen Koryphäen nichts davon hören und lesen wollten, liege einfach daran, daß die Menschheit diese Schrecken in unbewußte Regionen verdrängt hat, daß diese aber im kollektiven Unbewußten weiterschlummern und unerlöst so lange ihr Unwesen treiben, bis – vom unbewußten, unbändigen Wiederholungszwang getrieben – der Mensch sich und seine Erblast schlimmstenfalls in einem selbstinszenierten Atomkriegsfeuer der Vernichtung anheimgibt.

Auch dem großen Carl Sagan fiel es schwer, diese auf der Grundlage des kulturellen Menschheitserbes basierende Theorie zu dementieren, was seine Aufgabe war.

Wollte man allen Werken verborgene Botschaften unterstellen, gerade denen, deren Astronomen genauestens über die Himmelsvorkommnisse unterrichtet waren, und zwar so gut, daß Jesaja dem judäischen Herrscher Hiskia aufgrund seiner Erfahrungen die dramatischen Annäherungen des Mars 687 v.Chr. nahezu auf die Stunde genau vorausberechnen konnte, was dieser geschickt nutzte, um das große Heer des angreifenden Assyrer-Königs Sanherib auszulöschen.

Wer war dieser Mensch? Sein Name war Immanuel Velikovsky, russischer Psychoanalytiker und Historiker, der in seinem Lebenswerk nachgewiesen hatte, daß dieses Universum kein statisches Gebilde ist sondern ein sensibles »Lebewesen«, das schon so manche Katastrophe überstanden hat. Die Erinnerungen an diese Ereignisse sind tief in unser kollektives Unbewußtes verdrängt und arbeiten dort weiter.

Viele seiner auf diesen Theorien basierenden Voraussagen zur Beschaffenheit von Jupiter, Mars, Mond und Venus haben sich durch moderne Sondenuntersuchungen in jüngster Zeit bestätigt ...[11]

Fazit: Plötzlich durchdringt genialer Wissenschaftsgeist das verhangene Nebelgrau, und gleißendes Licht der Erkenntnis fällt auf verdrängte astronomische Zusammenhänge: Die Ausschaltung der wahren kosmologischen Zusammenhänge war die Folge großer Weltkatastrophen, welche die überlebenden Menschen nur durch die kollektive Verdrängung des Geschehenen verkraften konnten. Aristoteles' Gedanke der ewigen, in sich ruhenden Kreisbahnen der Planeten und der Sonne um die Erde fiel seinerzeit dadurch auf fruchtbaren Boden. Mit diesem Wissen im Hinterkopf und der korrigierten Astronomie der heutigen Tage ist der Weg wieder frei für eine Wiederentdeckung der Klang-Archetypen.

Welten im Zusammenstoß

Szene 6
Die Klang-Archetypen offenbaren sich …

Wir schreiben das Jahr 1978. Die 70er Jahre neigen sich langsam dem Ende zu. Hans Cousto, Mathematiker und Musikwissenschaftler in einer Person, arbeitet seit geraumer Zeit an dem Thema der harmonikalen Grundgesetze unserer Welt.

Der Grundgedanke des gemeinsamen Forschens ist dort, zwischen Isar und Englischem Garten, in München auf fruchtbaren Boden gefallen. In der Riedelstraße leben Musiker, Mathematiker, Heilpraktiker und alternativ denkende Allgemeinmediziner unter einem Dach und befruchten gegenseitig ihre wissenschaftliche Arbeit in einer Art und Weise, von der die benachbarten Universitätsinstitute bis heute nur träumen können.

In jenen Wochen, so erinnert sich Hans Cousto, haben sie »lange Nächte, inspirierende Nächte, in denen wir ganze Berge von Papier mit vielen Tabellen, Zahlen, Skizzen, Figuren und Mandalas füllten«, zusammengesessen und sich unaufhaltsam dem wesentlichen Zusammenhang aller harmonikalen Beziehungen in unserem Universum genähert.

Längst ist ihnen klar geworden, daß es ein gemeinsames Band zwischen den Umlaufbahnen unserer Himmelskörper und der Musik geben muß. Von nichts anderem hatte der Astronom Johannes Kepler gesprochen, von jener Musik, die er in sich hörte, wenn er in die Weiten des nächtlichen Himmels schaute. Kopernikus hatte die Klarheit der Mathematik benutzt, um die planetaren Verhältnisse wieder in ihren korrekten Zusammenhang zu stellen.

Das Thema und dessen mathematische Lösung liegt förmlich zum Greifen nah in der Luft. Hermann Hesse hat in seinem weltberühmt gewordenen Glasperlenspiel bereits eine literarische Antwort geliefert. Auch er hat die verborgenen Zusammenhänge gespürt.

Nichts anderes meinen auch die gerade zu weltweiter Berühmtheit gelangenden Musiker der Berliner Gruppe Tangerine Dream, wenn sie auf ihrem epochalen Werk *Alpha Centauri* schreiben, daß die Musik zu diesem kosmischen Thema »erfühlt« worden sei.

Ja, erfühlt haben sie alle diese Zusammenhänge in jenen Tagen.

Aber immer noch liegen hartnäckig letzte dichte Nebelreste – die uralten Werkzeuge des kollektiven Vergessens – über dem göttlichen Kern der Sache. Wie so oft greift Cousto zum Taschenrechner, tippt komplexe Zahlen ein, schaut auf das Ergebnis und ist irritiert oder enttäuscht.

Physikalische und mathematische Zusammenhänge und Berechnungen schwirren ihm durch den Kopf, vereinen sich zu Zahlenkolonnen, die durch sein Bewußtsein ziehen – den Wolken am Himmel gleich, aber der Kern des Ganzen liegt nach wie vor hinter den Wolken verborgen.

In diesem Jahr ist es früh Herbst geworden, und am zweiten Oktober beschließt Hans Cousto einen ruhigen Spaziergang durch den Englischen Garten zu machen. Es ist Mond-Pluto-Konjunktion. Und während das magische Prinzip des Pluto und das empfangende Prinzip des Mondes einander näher kommen, öffnen sich bisher verschlossene Tore in Coustos Bewußtsein. Der Nebelschleier zerreißt endgültig. Die Sphären befreien sich von ihren physikalischen Bedingtheiten und erscheinen ihm plötzlich und überraschend als ein harmonisches Ganzes, als ein ungeheurer Farbstrom vor seinem inneren Auge, reinstes visionäres mathematisches Sehen in den herrlichsten Farben und Klängen.

Alle mathematischen Formeln, die vielen Seiten mit tabellierten Berechnungen und Ableitungen versinken. Cousto sieht die Sonne und die Planeten, sieht sie, hört sie und erkennt die Gesetzmäßigkeit, die diesen Tönen zugrunde liegt. Seine Eindrücke strukturieren uraltes, uns verlorengegangenes Wissen neu und rücken die Zusammenhänge in das gleißend helle Licht der wissenschaftlichen Erkenntnis.

Wie ein Blitz reißt es Cousto aus seinen Bildern, und er greift zum Taschenrechner, den er stets bei sich trägt. Er tippt:

$24 \cdot 60 \cdot 60 = 1/x \cdot 2$
und liest als Ergebnis 194,180 740 7.

Diese Berechnung liefert die erste Oktavierung (Definition siehe Seite 41) eines irdischen Klang-Archetyps in den hörbaren und therapeutisch nutzbaren Bereich. Hans Cousto hat das einigende Band der Oktave als den Schlüssel zum mathematischen Verstehen aller harmonikalen Zusammenhänge begriffen. Blitzartig erkennt er ihren Ursprung in den periodischen Erscheinungen der Himmelskörper. Die Klang-Archetypen, jene kosmischen, uns alle durchdringenden Urklänge sind dem Vergessen entrissen worden. Ebenso blitzartig begreift er, daß sich mittels des Oktavierens diese Wirkungen in den hör- bzw. sichtbaren Kontext führen lassen.

Auf Hans Coustos Erkenntnissen und den daraus ableitbaren therapeutischen Erfahrungen basiert das Heilen mit den Klang-Archetypen, von denen in diesem Buche die Rede sein wird.

Fazit: Die Klang-Archetypen sind mit den Mitteln der Mathematik endlich wiederentdeckt worden. Dem Dunkel des Vergessens entrissen, stehen sie mit ihrem gigantischen Heilpotential nun zu unserer Verfügung. Es war sicherlich kein Wunder, daß es nicht allein die Leistung der modernen Naturwissenschaften gewesen ist, sondern daß auch ein guter Teil visionärer Geist und Intuition bei der Wiederentdeckung und -verzauberung des Wissens notwendig waren. Dem Dunkel des Vergessens entrissen stehen sie mit ihrem gigantischen Heilpotential nun zu unserer Verfügung.

Die Klang-Archetypen haben sich wieder offenbart

Die kosmische Oktave

Die versteckte Problematik

Diese sechs Szenen, die einen Streifzug durch die Jahrtausende bilden, haben fragmentarisch gezeigt, daß die Menschheit intuitiv die Existenz der Beziehung zwischen kosmischer Heimat und der Musik mit ihren lichten und tonalen Aspekt gespürt und gelebt hat. So ist es im alten China unserer ersten Szene gewesen. Im Zuge der fortschreitenden Zeit verlor sich dann dieses Wissen. Aristoteles verleugnet es sogar mit den Mitteln der Wissenschaft, und seltsamerweise kann das wahre Wissen nahezu unwidersprochen versinken. Ostern wurde beispielsweise auf dem kirchlichen Konzil von Nikäa vom Termin des ersten Frühlingsvollmondes in den abnehmenden Mond verschoben. Der junge Gallus in unserer dritten Szene kann es noch gar nicht fassen. Je weiter die Wissenschaft aber voranschreitet – und die mittelalterlichen Begegnungen zwischen Morgen- und Abendland waren daran nicht unbeteiligt –, um so lauter wird die Kritik an der Lehre von den falschen Zusammenhängen. Kopernikus wagt neben anderen berühmten Zeitgenossen den mutigen Schritt nach vorn und korrigiert das fehlerhafte aristotelische Modell vom erdzentrierten Universum. Über den Weg der Wissenschaft nähert sich das Wissen wieder den wahren Zusammenhängen einer tiefen Verbindung des Menschen zu seinem kosmischen Umfeld. Hans Cousto vereint schließlich mit seiner Entdeckung der Klang-Archetypen uraltes Wissen mit moderner Mathematik und erschließt uns wieder die Welt der kosmischen Harmonien und Energien.

Im Klartext ist die Rede davon, daß es sich bei unseren Himmelskörpern um schwingende Gegenstände handelt, in deren kosmische Sinfonie wir eingetaucht sind und deren energetische Muster bis in unsere tiefsten Zellen eingraviert sind, obgleich wir diese Zusammenhänge bis heute mehrheitlich vergessen zu haben scheinen. Dadurch fehlt den meisten von uns der Kontakt und das echte Ur-Vertrauen zur Welt, in der wir alle leben.

Wie konnte es dazu kommen, daß dieses naturgegebene und schon vor langer Zeit gefundene Wissen erlosch, und wie können wir wieder in Kontakt mit ihm treten und tiefgreifende Heilungsprozesse einleiten? Die Erklärungsmuster sind nicht so leicht zu finden, und auch Platons Befunde lassen sich nicht ohne weiteres in einen sinnvollen Zusammenhang stellen.

Um diesen Fragen detailliert nachzugehen, beschäftigen wie uns nun ein wenig mit unserer Wahrnehmung und daran anschließend mit der Mathematik der Klang-Archetypen sowie ausführlich mit den Thesen von Immanuel Velikovsky zum großen Weltenbrand.

Zum näheren harmonikalen Verständnis dieser spannenden Zusammenhänge möchte ich Sie ermuntern, mich vorher auf einige theoretische Abwege zu begleiten, wieder getreu dem leitenden Motto: Der Weg ist das Ziel. Unsere ersten Spuren finden sich in Gestalt des universellen Phänomens der Resonanz:

Resonanz: Das universelle Wahrnehmungsprinzip

Resonanz (lat.: Widerhall): Ursprünglich das Mitklingen, allgemein das Mitschwingen von Systemen (...)mit einer Frequenz, die der Eigenfrequenz des Systems gleich (...) oder nahezu gleich ist.

DTV-Brockhaus-Lexikon

Wer von uns kennt nicht dieses Vibrieren im Bauch, wenn ein riesiger LKW an einem vorbeidonnert ... Den meisten von uns dürfte solches bereits mehrfach widerfahren sein, und es vermittelt einen zugegebenermaßen drastischen Eindruck dessen, was Resonanz bedeutet: Die tiefen Klangschwingungen des Fahrzeugs treffen auf unseren Körper und lassen passende Bereiche mitschwingen, mithin resonieren.

Unsere Sinne arbeiten ebenfalls mit diesen Resonanzeffekten. Betrachten wir den hochkomplizierten Prozeß des Hörens und damit das Ohr an sich: Wenn wir »hören«, resonieren wir auf die vom Ohr empfangenen Schwingungen. Dabei entsteht der Klang in uns völlig neu. Und das erklärt sich vereinfacht wie folgt:

Erreicht uns beispielsweise ein Klang der Note CIS, genau gesagt ein Ton mit 272,2 Schwingungen pro Sekunde, wird er auf seinem Weg durch die Ohrmuschel nach innen geleitet. Durch den äußeren Gehörgang erreicht die Klangschwingung das Trommelfell und versetzt es ebenfalls in Schwingungen, die danach über die sogenannten Gehörknöchelchen des Mittelohres und das ovale Fenster zu der Flüssigkeit im Innenohr weitergeleitet werden. Die Vibrationen dieser Endolymphe genannten Flüssigkeit bewegen winzige, haarähnliche Fortsätze, sogenannte Haarzellen, in der Gehörschnecke. Die Haarzellen bilden zusammen mit einigen anderen Zelltypen das Corti-Organ. Sie übertragen die Signale unmittelbar an den Gehörnerv, der die Informationen zum Gehirn weiterleitet. Das Muster, nach dem die Haarzellen auf die Schwingungen in der Schnecke reagieren, liefert Informationen über den Schall, die das Hörzentrum im Gehirn weiterverarbeiten kann.

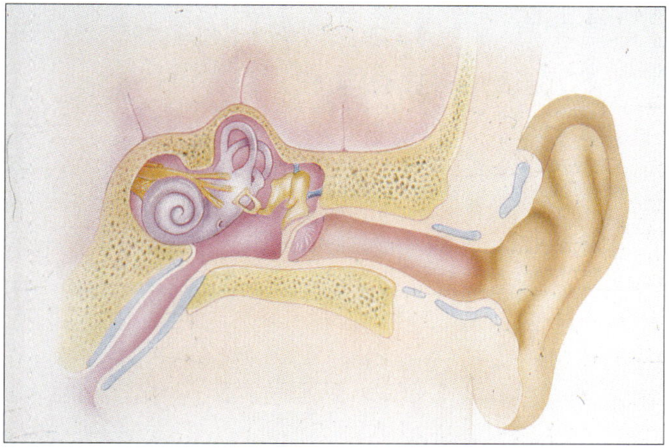

Das Ohr resoniert auf empfangene Schwingungen

Hier verstehen wir nun: Erst diese durch Resonanz neu entstandenen Reize werden also über unsere Nervenbahnen zum Gehirn weitergeleitet. Der Klang entsteht in uns neu!

Der Hörbereich ist wie die Sehfähigkeit bei einzelnen Menschen unterschiedlich; maximal nimmt ein Mensch Schallwellen im Frequenzbereich von 16000 bis 28000 Hertz wahr. Die geringste Tonhöhenschwankung, die das menschliche Ohr erkennen kann, ist von der Tonhöhe und der Lautstärke abhängig. Menschen mit besonders empfindlichem Gehör nehmen im Bereich von 500 bis 8000 Hertz noch Tonhöhenschwankungen von 0,03 Prozent der ursprünglichen Frequenz wahr. Bei niedrigen Frequenzen und geringer Lautstärke reagiert das Ohr auf Tonhöhenschwankungen weniger empfindlich.

Schwingungen über bzw. unter dem beschriebenen Frequenzbereich gelten als nichthörbar, aber wir sollten uns vor dem Fehlschluß hüten, daß sie damit nicht von beachtlicher Wirkung seien. Im Gegenteil!

Wie aber läßt sich dieser Zusammenhang erklären? Können wir denn auch ohne unsere Ohren »hören«? Moderne Untersuchungen haben bewiesen, daß die Resonanz auch auf ganz anderen Ebenen gefunden und ihre Wirksamkeit dokumentiert werden kann:

- Hält man zwei gleich klingende Klangschalen nebeneinander und schlägt eine an, so erklingt die andere Klangschale klar und deutlich mit.
- Den Wetterfronten gehen atmosphärische elektromagnetische Störungen voraus, die direkt mit dem Tageston der Erde resonieren.
- Eiweißmolekülstrukturen richten sich eindeutig nach den umgebenden Resonanzfeldern aus.
- Bei frisch Operierten gleichen sich die Herzschläge der Patienten, die nebeneinander auf der Intensivstation liegen, einander an.
- Der Menstruationszyklus der Frauen richtet sich nach dem Lauf des Mondes – auch nach schweren Krankheiten –, sofern dessen Resonanzfelder nicht durch andere Störfelder überlagert

werden, was heute in einer Welt aus Stahlbeton, Handys, Bildschirmen und Neonlicht nur zu schnell der Fall ist.[12]

Fallen Ihnen weitere Beispiele für Resonanz ein? Denken Sie an die Formulierung »mit jemandem auf einer Wellenlänge sein« ...

Blockaden unterbinden die Resonanz

Und ich sage dir, kleiner Mann:
Du hast den Sinn für das Beste in dir verloren.
Du hast es erstickt.
Wilhelm Reich

Stellen Sie sich eine Gitarrensaite vor, die Sie anschlagen. Ein Klang ertönt, der sofort erlischt, wenn Sie die Saite irgendwo festhalten und damit am Schwingen hindern. Gleiches passiert, wenn Sie eine klingende Triangel berühren oder die angeschlagenen Stäbe eines Xylophons anfassen: Sofort verstummen die Klänge, und es herrscht Totenstille.

Wie wir spätestens seit den bahnbrechenden Arbeiten des großen Psychoanalytikers Wilhelm Reich wissen, sind wir in der Lage, in unserem Körper dauerhafte Verhärtungen und Verspannungen zu erzeugen als Reaktion auf nicht zu bewältigende Schmerzen und Frustrationen. Diese »Muskelpanzerungen«, wie Reich sie nannte, stellen das funktionale Gegenstück zur psychischen Verdrängung dar. Ihre Aufgabe ist es, vitale Impulse zu blockieren.[13]

Solche körperlichen Verhärtungen machen undurchlässig für genau die Gefühle, die sie verursacht haben für ihr betreffendes Thema. Diese Emotionen stoßen in uns auf »taube Ohren«.

Fazit: Das freie Spiel der Schwingungen wird blockiert. Es wird in uns immer stiller, je verspannter wir sind, und unser Leben bedarf immer härterer Reize. Eine moderne Therapie zur Auflösung solcher Probleme ist z.B. die von Reichs Schüler Alexander Lowen entwickelte Bioenergetik und deren Weiterentwicklungen.[14]

Klienten, deren Verspannungen in Körper und Geist zunehmend aufgelöst werden, berichten von tiefen Empfindungen des Strömens von ozeanischen und kosmischen Gefühlen, die ihnen bisher völlig unbekannt waren. Nach meinen Erfahrungen machen solche Methoden auch wieder sensibler für die Klang-Archetypen.

Kann es sein, daß nicht zu bewältigende persönliche Erlebnisse und daraus resultierende Verspannungen taub machen für die Klang-Archetypen? Was meinen Sie denn?

Der Weg zur Berechnung der Klang-Archetypen

Wer das Geheimnis der Töne kennt,
kennt das Mysterium des ganzen Weltalls.

Hazrat Inayct Khan [15]

Wie können wir die Klang-Archetypen aber nun begreifen und wahrnehmen, und wie kam Johannes Kepler dazu zu behaupten, daß Musik ertönen würde, wenn der Himmel Luft hätte? Wer oder was resoniert mit wem?

Um das zu verstehen, müssen wir zuerst einmal herausfinden, was denn nun diese Himmelskörper ausstrahlen oder welche entscheidende Qualität von ihnen ausgeht. Wesentliches Merkmal neben den sonnenbedingten Lichtreflexionen und ihrer Gravitation ist ihre Rotation, denn Planeten und der Mond drehen sich in festen Zyklen um die Sonne, um sich selbst oder im Falle des Erdenmondes um die Erde. Alle großen Astronomen verbanden das Studium der Gestirne mit Klängen und Tönen, und um diese Spur zu verfolgen, schauen wir auf die Bewegungen der Himmelskörper.

Um nun ein wenig Mathematik einfließen zu lassen, möchte ich aufzeigen, wie man aus der Kenntnis um die Dauer einer bestimmten Periode seine Frequenz berechnen kann. Die Frequenz beschreibt die Anzahl der Wiederholungen eines periodischen Phänomens innerhalb eines Zeitintervalls. Erfolgt innerhalb einer Sekunde eine vollständige Schwingung, so beträgt die Frequenz 1 Hertz, abgekürzt 1 Hz. So hat z.B. ein Klang der Note CIS eine Frequenz von 272,2 Hertz, es ist also ein Klang, der 272,2 mal pro Sekunde schwingt. Je mehr Schwingungen ein Ton pro Sekunde hat, um so höher ist er.

Auf diese Weise können wir nun auch aus den periodischen Umlaufzeiten der Himmelskörper deren Frequenz berechnen. Wie das funktioniert, möchte ich Ihnen am Beispiel unseres Heimatplaneten erklären:

Unser Grundmaß der Zeit und Zeiteinteilung ist die Häufigkeit bzw. Frequenz der Erdrotation. Gemessen wird diese an der Dauer von einem Höchststand der Sonne (Kulmination) bis zum nächsten, genannt 1 Tag, astronomisch genau gesagt: 1 mittlerer Sonnentag.

Diese Zeitmaß wird dann noch in 24 gleich große »Kuchenstücke« geschnitten, bekannt unter dem Namen Stunden, diese wiederum in 60-Minuten-Abschnitte, und diese in 60-Sekunden-»Schnipsel« usw.

Dauer der Erdrotation = 1 Tag
Frequenz (Häufigkeit) der Erdrotation = 1 mal pro Tag

Um die Frequenz der Erdrotation ermitteln zu können, rechnen wir aus, wieviel Sekunden ein Tag hat. Es sind $24 \cdot 60 \cdot 60 = 86\,400$ Sekunden.

Die Frequenz berechnen wir nach folgender Formel:

$$\text{Frequenz (Hz)} = \frac{1}{\text{Zeitdauer der Periode in Sekunden (s)}}$$

Teilen Sie 1 durch 86400, erhalten Sie exakt 0,000 011574074 Hertz, die Tagesschwingung der Erde: 0,000011574074 Hertz.

Eingedenk dieses minimalen Werts und des oben geschilderten Wahrnehmungsbereichs unseres Ohrs ist dieser Klang schlichtweg unhörbar und scheint im allgemeinen Getöse unseres Alltags vorerst belanglos zu sein. Aber denken wir an die Homöopathie: Wir essen scharf gewürztes Fleisch, gesalzene Chips oder Salzstangen, und trotzdem zeitigt eine homöopathische Medizin aus besagtem Kochsalz selbst in einer unglaublichen Verdünnung ihre Wirkung.

Es scheint, als ob gerade in der Kleinheit der Werte ein weiteres Geheimnis und der Schlüssel zu großer Wirksamkeit zu finden ist. Wir wollen hier aber keine weiteren unbeweisbaren Theorien kreieren, sondern gehen weiterhin streng abendländisch-rational und damit mathematisch vor.

Die Oktavierung der Planetenklänge

Octavus sanctos omnes docet esse beatos.
(Die Oktave lehrt alle Heiligen, glückselig zu sein.)
Inschrift in der Abteikirche von Cluny

Generell ist die sogenannte Oktave die achte Stufe einer Tonleiter. Sie wird mit dem selben Tonbegriff oder Tonbuchstaben bezeichnet wie der Ausgangston. So gibt es in der abendländischen Musik ein tiefes und ein hohes C. Als erstes mag uns hier zu Bewußtsein kommen, daß es qualitativ gleichgültig ist, ob ein Kind ein hohes C oder der Vater ein tiefes C singt. Beides scheint identisch zu sein, da es wunderbar zusammenpaßt. Die Musikwissenschaft erklärt dies damit, daß die Oktavtöne gleiche Obertonverhältnisse aufweisen. Diesen Zusammenhang er-hören wir aus den Klängen.

Mathematisch ist der Oktavton von doppelt so hoher Frequenz wie der Ausgangston. Oder denken wir an eine Gitarre oder eine Geige: Lassen Sie die ganze Saite erklingen, ertönt deren Grundton. Lassen Sie die halbe Saite erklingen, ertönt der zugehörige Oktavton.

Die aufsteigende Oktave hat die doppelte Frequenz, die absteigende Oktave hat die halbe Frequenz des Ausgangstones. Oktavieren heißt eine Frequenz verdoppeln oder halbieren.[16]

Versuchen wir uns also einmal im Hinaufoktavieren der bereits berechneten Tagesfrequenz der Erde: Verdoppeln wir den Frequenzwert von 0,000 011574074 Hertz immer wieder, so gelangen wir nach 24maligem Oktavieren in den hörbaren Bereich von 194,18 Hertz, nach 25maligen Oktavieren sind wir bei 388,36 Hertz.

Dieser Klang entspricht heute einem G in unserem Notensystem. Wenn wir noch weiter hinaufoktavieren, gelangen wir in der 65. Oktave in den für das Auge sichtbaren Bereich von 427,008 mal 10^{12} Hertz. Diese Schwingung nehmen wir über die Augen als strahlendes Feuerrot wahr.

Da sich Oktavtöne zueinander auf besondere Weise verhalten, sich nämlich qualitativ entsprechen, haben wir auf diese mathematische Weise zwei Äquivalente zur Tagesfrequenz gewonnen: ein *hörbares* Äquivalent, das der Note G entspricht, und ein *sichtbares* Äquivalent in Gestalt feuerroten Lichts. Die hörbare Frequenz wird in Hertz gemessen, die sichtbare in Nanometer.

Durch das verbindende Band der Oktave ist es uns möglich, das ganze Sonnensystem auf diese Weise in den hörbaren und sichtbaren Bereich zu transponieren bzw. zu übertragen, wobei die Anzahl der Oktaven den »Maßstab« angibt, so wie eine Landschaft in einem bestimmten Maßstab auf einer

Landkarte dargestellt wird und wir uns ein Bild von der abgebildeten Gegend machen können. Genau dies war Hans Coustos große Entdeckung.[17]

Nichts anderes haben unsere Vorgänger wie Ptolemäus, Kopernikus, Kepler auch zu formulieren versucht. Kepler meinte, es werde Musik ertönen, wenn der Himmel die nötige Luft hätte. Auch der alte chinesische Mann in unserer ersten Szene war noch im Ein-Klang mit der Welt. Die kollektive Verdrängung hatte das entlegene Flußtal nicht erreichen können.

Daß wir dank Hans Coustos Entdeckungen auf mathematische Art und Weise zu Ergebnissen gelangen, die teilweise schon vor Tausenden von Jahren auf ganz und gar andere, eher intuitive Weise gewonnen wurden, wird eine genaue kulturelle Betrachtung der mittels der kosmischen Oktave gewonnenen Klang-Archetypen für Erde und Mond zeigen. Vorher soll aber nun eine Auflistung der irdischen Planetendaten mit Klang- und Farbzuordnung folgen.

Der Erde lassen sich drei grundlegende Rotationen zuordnen:

- Zum einen läßt sich die Tagesrotation wie auf S. 40 beschrieben berechnen.
- Des weiteren bewegt sich die Erde in 365,25 Tagen um die Sonne. Aus dieser Periode läßt sich der Klang-Archetyp des Jahres berechnen: ein CIS mit der zugeordneten Farbe Grün.
- Als letztes kreiselt die Erdachse innerhalb von Jahren um sich selbst, was die Wanderung des Frühlingspunktes bedingt. Derzeit wandert dieser Frühlingspunkt in das Sternbild Wassermann, weswegen wir auch vom Wassermann-Zeitalter sprechen. Diese Umlauf-Periode der Erdachse

Klang-Archetyp	untere hörbare Frequenz	Note	sichtbare Frequenz	zugehöriger Farbwert	Farbe
Erdentag	194,18 Hz	G	702 nm	Feuerrot	
Erdenjahr	136,10 Hz	CIS	501 nm	Grün	
platonisches Erdenjahr	172,06 Hz	F	792 nm 396 nm	Purpurrot Violett	
synodischer Mondton	210,42 Hz	GIS	648 nm	Orange	

dauert durchschnittlich 25 920 Jahre. Daraus läßt sich ein weiterer Klang-Archetyp berechnen: der des *platonischen* Jahres: ein F mit der zugehörigen Farbe Violett. Dazu später mehr.

Unmittelbar zu unserem kosmischen System gehört auch der Mond, der aber nicht nur durch Ebbe und Flut sein Dasein demonstriert. Eine Periode von Neumond zu Neumond, also der *synodische* Monat, dauert 29 Tage, 12 Stunden, 43 Minuten und 11,5 Sekunden. Aus diesen Werten ergibt sich der Klang-Archetyp des Mondes in Gestalt der Note GIS und einem strahlenden Orange.[18] Eine übersichtliche Zusammenfassung dieser Berechnungen finden Sie in der Tabelle Seite 42.[19]

Mit den praktischen Bedeutungszusammenhänge und therapeutischen Anwendungsfelder werden wir uns später beschäftigen. Nach all diesen hochkomplexen Ausführungen müssen wir aber noch einer letzten wichtigen Frage kritisch nachgehen:

Woher kann nun das kollektive Vergessen dieser Zusammenhänge kommen, wie können wir diese »moderne Taubheit« in unserer abendländischen Gesellschaft erklären? Nur solchermaßen sensibilisiert gelingt es uns, offen für diese Schwingungen zu sein.

Von Venus, Mars und Beelzebub bis nach Stonehenge

Gewaltiger Streit war mächtig angewachsen unter den Körpern des Himmels

Empedokles

Das kollektive Vergessen ist nach vielen gängigen Theorien die Folge gigantischer kosmischer Katastrophen, Katastrophen, von denen in der zweiten und fünften Szene die Rede ist.

Naturgemäß gibt es bis heute viel Streit unter den großen Geistern der Wissenschaft, ob überhaupt und wenn, was bzw. wie es passiert ist. Die Problemstellungen ranken sich wesentlich um die komplizierte Datierung von Funden aus alter Zeit, die mit den Katastrophen in Verbindung zu stehen scheinen. Besonders umstritten sind die Datierungen von alten Landkarten und Schriftdokumenten. Nichtsdestotrotz gibt es drei sehr plausible Theorien zu den dramatischen Vorkommnissen, deren Spuren wir in unserer irdischen Vergangenheit finden können.

Professor Dr. Alexander Tollmann und seine Frau beschreiben das Geschehen als Folge eines Kometen, der vor rund 9600 Jahren auf die Erde stürzte und ihr Antlitz der Erde verwüstete. Die Beweisspuren finden sie in den Mythen der Völker. Das unglaublich spannende Buch *Und die Sintflut gab es doch – Vom Mythos zur historischen Wahrheit* ist nur zu empfehlen.

Das kanadische Bibliothekars-Ehepaar Rand und Rose Flem-Ath postuliert auf Basis der Forschungen des amerikanischen Wissenschaftshistorikers Charles Hapgood eine drastische Bewegung der tektonischen Platten, einschneidende Ereignisse mit apokalyptischer Auswirkung, die vor 12000 Jahren stattgefunden haben. Eine der Folgen war, daß es den Kontinent Atlantis dermaßen nach Süden verschob, daß er unter kilometerdickem Eis erstarrte. Atlantis ist die heutige Antarktis, behaupten die Autoren. Die Forschungen belegen sie mit unglaublichen Landkartenfragmenten, die sich bis nach Alexandria und in Platons Zeiten datieren lassen, sowie mit den Mythen der Völker. Auch diese Forschungsarbeit ist mehr als lesenswert.[20]

Der Psychoanalytiker und Historiker Immanuel Velikovsky ist der dritte Genius im Bunde dieser Forscher gewesen. Sein Interesse ging von den Geschehnissen des biblischen Exodus aus. In jahrelanger akribischer und hochgeachteter Arbeit entlarvte er einige peinliche Datierungsfehler in der theologischen Geschichtswissenschaft. Als Ergebnis konnte er die wahren historischen Geschehnisse in Altägypten und Palästina mit den Details des Exodus in Deckung bringen, Ereignisse, die etwa 1100 – 1500 v. Chr. stattfanden und von kosmischen Katastrophen und Plagen berichten.[21] Von dieser Warte aus rollte Velikovsky eine historische Schau jüngster kosmischer Katastrophen auf, die vor allem diese verblüffende Deckung mit der belegten Historie aufwies und auf zwei große und junge Katastrophen hochwahrscheinlich planetarischen Ursprunges vor rund 3500 und 2700 Jahren hinweisen. Von diesen wird auch in den Überlieferungen vieler Völker der Welt berichtet. Nebenbei analysierte Velikovsky meisterhaft das psychologische Umfeld solcher globalen Katastrophen und deren Folgen der Verdrängung, wie wir sie in der zweiten Szene angedeutet haben.

Fazit: Wir können sagen, daß alle Theorien einen wahren Kern haben mögen. Sie ziehen ihre Daten aus mythologischen Quellen und geologischen wie archäologischen Funden.

Ein beträchtlicher Teil der Menschen dürfte diese Geschehnisse nicht überlebt haben. Die Überlebenden gaben zwar in ihren Schriften Kunde von den schrecklichen Geschehnissen, die folgenden Generationen verdrängten dann jedoch das Wissen um die planetaren Dimensionen ihrer Existenz komplett aus dem Bewußtsein und glaubten fortan an ein starres Universum, in dem sich die Planeten und die Sonne auf festen Bahnen unverrückbar bis in alle Ewigkeit bewegen. Damit beraubten sich die

Überlebenden ihrer naturgemäß vorhandenen »Antennen« für die Wahrnehmung dieser Zusammenhänge. Sie schnitten sich sozusagen selbst vom Quell der Erkenntnis ab.

Dieses Thema ist an dieser Stelle von doppeltem Interesse und bis heute nahezu unbeachtet geblieben, denn es würde den Schlüssel zu dem in den letzten Jahren vielbeschriebenen kollektiven Erinnerungsverlust liefern und die jahrhundertelangen Versuche der Etablierten, das Wissen von der Bewegung der Himmelskörper zu unterdrücken, verstehbarer machen.

Des weiteren werfen diese Thesen die Frage auf, ob die Frequenzen der Himmelskörper seit Jahrtausenden konstant geblieben sind oder sich im Wandel befunden haben. Letzteres würde bedeuten, daß die Klang-Archetypen Änderungen unterworfen waren.

Die Völker der Welt berichten von kosmischen Katastrophen – der Morgenstern kommt!

Schildern wir doch einmal einige Szenen aus den gar nicht so spärlichen Quellen der Weltgeschichte, die wesentlich nach den Arbeiten Immanuel Velikovskys und seiner Mitarbeiter auf gleiche Zeitbereiche vor etwa 3500 Jahren datiert worden sind. Die Schriften der nordpazifischen Indianerstämme berichten aus alter Zeit übereinstimmend von einer Feuersbrunst und Sintflut:

»Die große Feuersbrunst wütete auf der ganzen Erde, verbrannte alles, Felsen, Erde, Bäume, Menschen, einfach alles ... Wasser brach herein ... wie eine Schar von Flüssen wälzte es sich daher, überflutete die Erde und verlöschte das Feuer auf dem Wege nach Süden ... berghoch erhob sich das Wasser.«

Ein Himmelsungeheuer flog daher »mit einer Pfeife im Maul; es blies beim Weiterfliegen mit aller Macht darauf und machte ein furchtbares Geräusch ... blasend, wallend, kam es daher; es glich einer riesigen Fledermaus mit ausgebreiteten Flügeln ... (seine) Federn flatterten auf und ab (und) wuchsen, bis sie den Himmel zu beiden Seiten berührten«.[22]

Oder lesen wir im Pehlevi-Text des iranischen Buches *Bundahish*: »Es war der Tag des Frühjahrsanfanges .... Am Mittag kam er dahergesaust ... der Himmel war erschüttert und erschreckt. Wie eine Fliege sauste er (Anm. des Verfassers: gemeint ist Ahriman, der Name für den Morgenstern) auf die Schöpfung los, versehrte die Welt und machte sie auf den Mittag dunkel, als wäre tiefe Nacht. Und schädliches Getier wurde von ihm über die Erde ausgestreut, stechend und giftig, als da sind Schlangen, Skorpione, Frösche ... Die Planeten mit zahlreichen Dämonen stürmten gegen das Himmelsgewölbe und verwirrten die Gestirne ...«[23]

Solche Texte finden sich in nahezu allen Schriften alter Kulturen auf diesem Planeten, und das Interessante ist, daß immer wieder der Morgenstern – nichts anderes als die Venus – als Verursacherin dieser Katastrophen gilt. Im zitierten Kontext wurde dieser Ahriman später zum Gott der Dunkelheit, der Finsternis, und er wurde mit einer Fliege verglichen. Dieses Motiv läßt auch aufhorchen, denn an vielen Orten der Welt wurde die Venus mit Fliegen in Verbindung gebracht. So auch im Lande Kanaan:

Wie das Arbeitsteam um Velikovsky herausfand, lautete der kanaanäische Name für die der Venus entsprechende Gottheit Baal, genau dieser Baal ist der in der Bibel zitierte Baal-Zevuv, d.h. der Baal mit der Fliege. Seine Spuren finden wir bis in die Jetzt-Zeit als der Beelzebub des Evangeliums. In Ekron, im Lande der Philister wurde diesem Gott der Fliegen ein großer Tempel gebaut.

Viele Jahre suchte Velikovsky akribisch nach diesen unglaublichen historisch belegbaren Funden in den Schriften Indiens, Chinas, Mexikos, in den Mythen vieler indianischer Völker, in den biblischen Quellen, im Talmud und anderen Werken, und überall finden sich Hinweise wie diese. Sie weisen darauf hin, daß möglicherweise der Morgenstern seine Bahn verließ und beinahe mit der Erde kollidiert sein muß. Massen von Ungeziefer folgten seinem Auftauchen, bevor er mit einem gigantischen Schweif, wehenden Haaren, rauchender Pfeife wieder ins All eintauchte. Nachdem sich der dunkle und trübe Himmel wieder aufgeklärt hatte, stand ein sogar tagsüber sichtbarer gleißend heller Stern am Himmel: möglicherweise der junge Planet Venus.

Der Mars kommt in mehreren Intervallen der Erde nahe!

Aber nicht nur das. Im 9. und 8. Jahrhundert vor unserer Zeitrechnung scheint der Planet Mars im Zuge einer Kollision mit der noch jungen Venus seine Bahn verlassen zu haben, in deren Folge er mehrmals der Erde sehr nahe kam, was eine ähnliche Reihe von Katastrophen auslöste.

In der Tat wird Mars seit dieser Zeit zum gefürchteten Planeten in den Schriften vieler Völker, zum Sturm- oder Kriegsgott, der mit der Venus am Himmel rang. Interessant ist, daß vor dieser Zeit der Mars ein unauffälliger Planet in den Kosmologien der Welt war. In der *Ilias* von Homer ist dieses Ringen zwischen Ares (Mars) und Athene (Venus) bestens beschrieben[24], und nach mehreren Untersuchungen läßt sich das Werk Homers auf das 8. vorchristliche Jahrhundert datieren, allerdings wird dieses Datum derzeit immer noch kontrovers diskutiert.

Ares, »der Verderber der Sterblichen«, wurde von Athene angegriffen, und sie rammte ihm den Speer in den Bauch. »Da brüllte Ares laut, gerade wie neuntausend Krieger oder gar zehntausend schreien in der Schlacht, wenn sie mit dem Kriegsgott in den Kampf ziehen. (...) Gerade so wie schwarze Dunkelheit einhergeht vor den Wolken, wenn nach brütender Hitze ein brausender Wind aufkommt; ebenso ... erschien der eherne Ares, wie er inmitten der Wolken hoch am Himmel daherzog.«[25]

Diese katastrophalen Begegnungen mit dem Mars wiederholten sich exakt alle 15 Jahre in unterschiedlicher Heftigkeit, bevor sie irgendwann ausblieben, aber bis heute kommt Mars auf seiner Umlaufbahn der Erde alle 15 Jahre nach wie vor besonders nah.

Mutige Astronomen jenseits der Lehrmeinungen mutmaßen, daß möglicherweise vorhanden gewesenes Leben auf dem Mars nach der Begegnung mit der Venus samt und sonders zerstört sein müßte.

Uhren und Kalender versagen!

Die Folge aus all diesen Katastrophen war ein völliges Versagen der althergebrachten Kalender. Diese wurden schlichtweg unbrauchbar. Es folgten weltweit mehrere Kalenderreformen. Zwei Fragmente seien hier erwähnt.

Im 8. vorchristlichen Jahrhundert und in weiterer Folge wurden in Ägypten, Babylon, in Indien und in Rom die Kalender mehrfach angepaßt. Die ganze Welt stand ohne verläßliches Kalendarium da. Der Inka Inti-Capac-Yupanqui berichtigte beispielsweise den Kalender seines Volkes, wobei das Jahr von 360 Tagen auf 365 Tage und 6 Stunden geändert wurde.[26]

In der Königlichen Bibliothek zu Ninive finden sich zwei Tontafeln aus der Zeit vor dem Jahre 687 v. Chr. Beide stellen den Tag der Tagundnachtgleiche dar, aber die differieren um genau 9 Tage. »Wir können diese Differenz nicht erklären«, schrieb ein Forscher dazu.[27] Dies sind keine Einzelfälle. Solche Variationen lassen sich weltweit reichlich finden.

Eindeutige Verschiebungen lassen sich auch an der berühmten in Faijum (Ägypten) gefundenen Sonnenuhr aus der Zeit um 720 v. Chr. zeigen. Sie kann heutzutage im gesamten ägyptischen Raum die korrekte Uhrzeit nicht mehr darstellen. Ebenso verhält es sich mit den in Karnak gefundenen Wasseruhren.

Sie alle stimmen nicht mehr mit dem heutigen Zeit- und Raumkontext der Erde überein.

Einzige Erklärung: Zumindest die Erdachse muß sowohl ihre Richtung gegenüber dem Himmel wie auch ihre Lage auf der Erde geändert haben. Eine solche Katastrophe kann nur durch gigantische Begegnungen von Himmelskörpern ausgelöst worden sein. Haben sich dadurch die Rotationsverhältnisse dauerhaft geändert? Wenn ja, hätten sich auch die Klang-Archetypen ändern müssen?

Die Verhältnisse vor den Katastrophen und danach

Wie aber mögen die Rotationsverhältnisse vorher, also vor den Katastrophen gewesen sein? Darauf läßt sich keine verläßliche Antwort geben. Zu alt ist die Erde schon, zu deutlich sind die Hinweise auf Meteoriteneinschläge von Urzeiten, die gegebenenfalls für dramatische Konstellationen sorgten. Es mag sich manches geändert haben, wir wissen nur wenig. Interessant ist aber ein Aspekt, der sich in Stonehenge finden läßt, wenn wir nur genau genug hinschauen.

Dieses steinerne Riesenrätsel, das dort mitten in der Weite der englischen Grafschaft Wiltshire aufragt, gibt nicht nur die üblichen Rätsel auf, wie solch ein Bau überhaupt bewerkstelligt werden konnte. Per Radiokarbonmethode ist das Alter des Steinkreises auf etwa 2750 Jahre v. Chr. datiert worden. Der berühmte Steinkreis entstand also deutlich vor der ersten großen Katastrophe. Es war der britische Wissenschaftler William Stukeley, der 1740 als erster die These aufstellte, daß sich an dieser Anlage die Zeitpunkte der Sonnenwenden ablesen lassen.

Genaue Peilungen zu den Himmelsgestirnen zeigen eindeutig, daß zur Bauzeit von Stonehenge heutige Verhältnisse geherrscht haben müssen. Die Werte stimmen einfach zu genau.

Warum gibt es aber keinerlei Hinterlassenschaften aus jener Zeit. Warum hören die Opferspuren innerhalb des Geländes plötzlich auf, und eine wesentliche Frage: Wann hören sie auf? Werner Raffetseder bringt es in seinem Buch über die jüngste Sonnenfinsternis auf den Punkt: »3000 Jahre und länger haben die Menschen an manchen (Anm. d. Verf.: Megalithdenkmälern) von ihnen gebaut und gestaltet, aber ihr Schaffensdrang endet um 1500 v. Chr. abrupt. Danach entstanden nirgendwo mehr in

Europa solche Monumente. Die eindrucksvollen Bauten wurden dem Verfall preisgegeben.«[28]

Diese Entdeckungen belegen möglicherweise einerseits die Kalenderänderung. Stonehenge »stimmte« nicht mehr. Andererseits mag die kosmische Katastrophe besagte Megalithkultur schlicht ausgelöscht haben.

Noch wichtiger ist aber: Die alten gemessenen Aspekte decken sich mit den heutigen! Diese Befunde weisen deutlich darauf hin, daß es temporäre Schwankungen in den Umlaufbahnen, Positionen und Rotationen der Himmelskörper gegeben haben mag. Sie waren aber für die Erde nur von relativ kurzer, vorübergehender Dauer. Das können wir daraus schließen, daß wir vor und nach den fraglichen Katastrophenjahren identische Werte finden. Sie sind in Stonehenge in Stein gebannt. Fallen Ihnen zu den besprochenen Themen eigene Gedanken, Erlebnisse, Visionen oder Träume ein?

Fazit: Die Katastrophenverdrängung und die moderne Taubheit

Die untergegangenen Hochkulturen ließen eine Handvoll Schriftgut zurück, das dann von den späteren Generationen bis in die Jetzt-Zeit mißdeutet und fehlinterpretiert wurde. Denn niemand sollte an alte Erinnerungen rühren, deren Essenz besagt, daß diese furchtbaren Katastrophen jederzeit wiederkommen könnten. Nach Aristoteles zweifelte vorerst niemand mehr an der Beständigkeit dieser Bahnen. Wer könnte auch schon auf Dauer mit der Katastrophe vor Augen leben? (Parallelen zur Jetzt-Zeit mit ihrem atomaren Zerstörungspotential sind psychologisch nur zu auffällig.)

Die Erinnerungen wurden nach Velikovsky Teil des kollektiven Unbewußten der Menschheit – tief verdrängt und verschüttet. Was bedeutet das kollektive Unbewußte? Der Tiefenpsychologe Carl Gustav Jung – ein Schüler Sigmund Freuds, der sich später von Freuds Ansichten deutlich distanzierte – postulierte als erster, daß sich das Unbewußte nicht nur aus den aktuellen verdrängten Inhalten zusammensetzt, sondern daß auch alle Erfahrungen der menschlichen Kultur, Teil des Unbewußten sind. Das gesamte, je gewonnene Wissen nannte er das kollektive Unbewußte. Es ist in jedem von uns stets präsent, aber nicht jedem zu jeder Zeit zugänglich.

Auch in diesem kollektiven Bereich gelten die Regeln des Verdrängens und die daraus entstehenden Blockaden bzw. Taubheiten. Die verdrängten Erlebnisse erscheinen in anderer psychischer Form wieder als Angst, Aggression, Depression, Übertragung und Verleugnung, vor allem aber auch als Wiederholungszwang. So kann die kollektive Verdrängung der kosmischen Katastrophen bedeuten, daß der Mensch immer wieder dem Zwang unterliegt, diese Katastrophen zu wiederholen: als Krieg, Umweltkatastrophe oder atomare Zerstörung. Machen wir uns die kollektiv verdrängten Katastrophen bewußt, können wir natürlich nicht vermeiden, daß es immer wieder Planetenkollisionen und ähnliches im Kosmos geben wird. Der Mensch kann jedoch aufgrund dieser Bewußtwerdung achtsamer und mitfühlender im Umgang mit sich selbst und mit der Erde werden. Wie bei jeder Bewußtwerdung verdrängten Materials werden auch hier Energien freigesetzt, die positiv und konstruktiv genutzt werden können. Gleichzeitig wird Platz frei für Neues, Platz z.B. für das Erspüren und Erfahren der Klang-Archetypen, die dem Menschen sein Eingewobensein in die kosmischen Kräfte bewußt machen.

Da man diesen Vorgang mit den gängigen modernen wissenschaftlichen Methoden nur schwer beweisen kann, haben moderne Forscher ihre Probleme damit. Andererseits sind die Beweise für die Existenz eines kollektiven Unbewußten geradezu überzeugend, und Schützenhilfe hat diese Lehre durch den englischen Biologen Rupert Sheldrake bekommen, der mit seiner Theorie von den Morphogenetischen Feldern aus naturwissenschaftlicher Sicht auf einen universellen Pool zeitlosen Wissens und zeitloser Information hinweist.[29] Alle bisher ersonnenen Experimente zur Widerlegung dieser Theorie endeten eher als Beweise für selbige. Des weiteren geben diese Theorien von Jung und Sheldrake plausible Antworten auf Fragen wie:

- Wieso lernen Lebewesen ein und dieselbe Thematik durch die Generationen mehrheitlich immer schneller?
- Wie ist es denkbar, daß ein Schwarm aus Tausenden von Fischen auf ein unsichtbares Kommando hin sekundenschnell seine Richtung ändern kann oder Ameisen an einem Gemeinschaftswerk wie einem Ameisenstaat bauen können?

Stets wirken kollektive Informationsstrukturen hinter der Oberfläche. Auch das Wissen um die Planetenklänge muß dort längst bekannt sein. Solch altes kollektiv verfügbares Wissen nannte C.G. Jung Archetypen, weswegen ich auch den Begriff Klang-

Archetypen benutze, was also Urklänge der menschlichen Existenz meint.

Velikovsky sieht in den Katastrophen von einst und deren kollektiver Verdrängung die Wurzel für unsere heutige Unwissenheit und zugleich für die Hartnäckigkeit mit der die Masse der Menschen die Beweglichkeit unseres Universums aus tiefster Seele ablehnt. Ein Großteil davon ist Angst, an die fürchterlichen Feuer, Polsprünge, Flutwellen erinnert zu werden, die Historiker und Archäologen hier und dort auf unserem Planeten nachweisen können.

Verdrängung des Schreckens war oberstes Gebot für das Weiterleben, und so kam es, daß die planetaren Aspekte unserer Existenz radikal ausgelöscht wurden. Bei all diesen Variationen steht lediglich eines fest: Die derzeitigen Planetenumläufe und davon abgeleiteten Klang-Archetypen sind erst seit rund 2700 Jahren konstant und unterlagen vorher zumindest vorübergehend immer wieder Schwankungen.

Diese Aussagen wirken auf den ersten Blick spekulativ, aber wenn die Arbeiten von Jung, Velikovsky und Sheldrake noch nicht für sich sprechen, so haben wir doch neueres Forschungsmaterial vorzuweisen, das diesen Mechanismus der kollektiven Verdrängung in die Schichten des kollektiven Unbewußten dokumentiert, nämlich die Forschungen von Prof. Robert J. Lifton von der Yale-University, der 70 Überlebende der Hiroshima-Bombenkatastrophe psychiatrisch untersuchte.

Sie schilderten den Atombombenabwurf und die schreckliche Explosion mit ihrer ungeheuren Hitze, dem fürchterlichen Donnern und der unbeschreiblichen Explosionswucht als Erlebnis von erhabener Größe. Einige fühlten sich durchdrungen von einem ungeheuren Glücksgefühl im Sinne eines Erwachens aus den Illusionen dieser Welt. Lifton resümiert, daß die herkömmlichen religiösen Strukturen nicht in der Lage waren, bei der Verarbeitung dieser Erlebnisse zu helfen. Folge: Die Überlebenden fühlen sich als Angehörige einer neuen Weltordnung unter neuen religiösen Vorzeichen sie selbst schufen diese neuen religiösen Gemeinschaftsstrukturen. Lifton sagt dazu: »Die Hauptabwehr der Überlebenden gegen Todesangst und Todesschuld ist das Aufhören der Gefühlsempfindung. Bei unseren Beobachtungen über Hiroshima sprachen wir von diesem Vorgang in seiner akuten Form als einem psychischen Abschalten und in seiner mehr chronischen Form als einer psychischen Abstumpfung.«[30]

Diese psychische Abstumpfung ist der erste Schritt auf dem langen Weg zu einem »Versinken« der erlebten Ereignisse. Mystisch veränderte Erzählungen verbleiben letztlich und gelten als unumstößliche Wahrheit. In dieser Weise sind dann höchstwahrscheinlich auch die Katastrophenberichte der Weltvölker zu deuten: Sie können nicht unbedingt wörtlich genommen werden, aber sie sind auch alles andere als unhistorisch.

Es mag sich herausstellen, daß diese Zusammenhänge ein plausibles Erklärungsmuster im Mosaik der modernen Taubheit und der Entwurzelung der Menschen in ihrem Bezug zum Leben bilden. Taub für die Klang-Archetypen und ihre Energien, schritt die wissenschaftliche Entwicklung durch die Jahrhunderte voran und voran. »Wahrheit« setzte auf »Wahrheit« auf. Und diese Tatsache hat Konsequenzen bis heute: Wir tragen elektrostatisch geladene Kunstfaserkleidung, essen denaturierte Nahrung und schlucken Pillen mit synthetisch hergestellten Vitaminen. Es erscheint uns zeitgemäß und modern. Wir sitzen in klimatisierten Büros vor strahlenden Computermonitoren, die unsere Gesundheit »zerschießen«. Aber für viele ist es in Ordnung, auch wenn Untersuchungen ergeben, daß Zellkulturen vor den Monitoren in kürzester Zeit absterben. Wir benutzen Handys, Mikrowellenherde, Satellitenfunk, und es erscheint uns als großer Fortschritt. Interessant ist auch, daß keine Versicherung der Welt die großen Handy-Hersteller gegen Schadensersatzansprüche ihrer Kunden versichern will. Auch die Wirkung dieser zerstörenden Resonanzfelder wird verdrängt. Untergang oder Aufbruch zu neuen und heilen Horizonten im Ein-Klang mit der Welt. Wir haben die Wahl ...

Richten wir nun unseren Blick auf die Klang-Archetypen und ihr heilsames Wirken in unserer heutigen Welt.

Die Klang-Archetypen der Erde

Der Erdentag – das »dynamisch-körperliche Prinzip«*

Das Leben beginnt sich selbst zu offenbaren,
und das ganze Leben wird zu einer Kommunikation.

Hazrath Inayat Khan

Eines scheint sicher: Über einen ungewissen Zeitraum vor 3500 Jahren, möglicherweise gestört über einen Zyklus von etwa 800 Jahren und dauerhaft stabil seit 2700 Jahren, können wir nun das Vorhandensein der Klang-Archetypen in der heutigen Frequenzlage als sicher gegeben postulieren. Welche Klang-Archetypen sind nun für uns von Bedeutung? Möglicherweise der wichtigste, den wir hier betrachten werden, basiert auf dem Klang-Archetyp des Erdentages.

Berechnen wir – wie Sie bereits gelernt haben – aus der Dauer eines Erdentages in Sekunden die Frequenz dieser Erscheinung und oktavieren wir sie hinauf, so erhalten wir den Klang mit der Note G in der 24. Oktave (194,18 Hertz) sowie ein feuerrotes Licht in der 65. Oktave (702 Nanometer), ein kraftvolles Rot mit deutlichen Orange-Anteilen. Was bedeuten diese gewonnenen Werte?

Nun, zum einen haben wir jetzt eine hör- bzw. sichtbare Resonanzquelle, um bewußter mit diesem Klang-Archetyp zu arbeiten. Um aber zu verdeutlichen, wie unendlich tief dieser Klang-Archetyp in uns verwurzelt ist, gehen wir auf Spurensuche. Der Ton G ist jener, der auf den Notenschlüssel unseres Notensystems verweist. Die Farbe Rot kennen wir als belebende, vitalisierende Farbe, die aber auch aggressiv machen kann. Denken Sie nur an das beim Stierkampf verwendete rote Tuch…

* Bezeichnung der Prinzipien nach Hans Cousto

Was fällt Ihnen beim Betrachten des gegenüberliegenden Bildes auf Seite 54 ein? Fühlen Sie diesen Eindrücken nach, und machen Sie sich dazu Notizen.

Das sich verströmende leuchtende Rot gilt als Symbol der Lebenskraft und als Symbol der Liebe zum Leben. »Es ist die Farbe der glühend aufgehenden Sonne«, so schreibt Maria Hulke in ihrem Farben-Heilbuch[31], »sie hat das größte Durchdringungsvermögen, aktiviert, vitalisiert, intensiviert und stimmt dynamisch, macht durchschlagend und aggressiv. Die Sinnesempfindung ist Erregung, Verlangen, Begehren« – also Leben pur.

Resonanzen des Erdentages – Spurensuche

Machen wir uns klar, daß dieser energetische Klang-Archetyp – nach allem, was wir wissen – seit vielen Jahrhunderten Tag für Tag erklingt. Daher ist zu erwarten, daß wir seine Resonanzspuren an allen Ecken und Enden nachweisen können, denn Verhältnisse in Resonanz und Harmonie zum Umfeld sind – wie wir gesehen haben – energetisch günstiger und wachstumsfördernd.

Hans Cousto lenkt unsere Aufmerksamkeit auf die biologische Verankerung dieses Klang-Archetypes an den Wurzeln des Lebens. Betrachten wir exemplarisch eine Substanz, die allen lebenden Strukturen gemeinsam ist, nämlich die in jedem Zellkern vorkommende DNS, die Desoxyribonukleinsäure, welche die Erbinformation aller Lebewesen in sich trägt. Diese Substanz war bereits an den Urwurzeln der Entwicklung allen Lebens vorhanden, inmitten der »Ursuppe«, jener heißen und spurenelementreichen Wassermasse, in der durch Hitze, intensivste UV-Strahlung und gewaltige Blitzschläge erste vitale Grundmoleküle gebildet wurden.

Untersuchen wir das Resonanzspektrum der DNS so stellen wie fest, daß ihr Resonanzmaximum exakt bei 845 Billionen Hertz liegt, was einem G in der 66. Oktave entspricht, also einer perfekten Resonanz auf den Klang des Erdentages. Viele solcher Mosaiksteine ergeben ein vollständiges Bild, wenn wir uns mit den Experimenten Wilfried Krügers[32] beschäftigen. Krüger vertonte Atome und Moleküle durch Analogien zwischen den Ton- und Klangstrukturen und den Spin-Resonanzen der Atome.

Wir können feststellen, daß dieser Wert nur eine Oktave über dem sichtbaren G mit seinem orangeroten Licht liegt (siehe Cousto: *Die kosmische Oktave,* S. 36). Daraus läßt sich schon vermuten, daß dieses Licht auf die DNS sehr stimulierend wirken muß. Die Farbe Orangerot beeinflußt direkt die Zellteilung. Dies ist heutzutage bereits Allgemeinwissen geworden und wurde seinerzeit von Max Lüscher, dem weithin bekannten Farbforscher, an Versuchsreihen mit jungen Erpeln einwandfrei bewiesen. Dabei wiesen die Erpel, die mit orangerotem Licht bestrahlt wurden, ein mehr als doppelt so schnelles Hodenwachstum auf als jene Artgenossen, die mit blauem Licht bestrahlt worden waren. Rot aktiviert die DNS.

Fazit: Die gesamte wachstumsfördernde Kraft unseres Heimatplaneten stimuliert uns bis in die letzten Zellen.

Was bedeutet dieses Wissen? Und erscheint Ihnen dieser Zusammenhang verwunderlich? Welche Gedanken kommen Ihnen dazu?

Resonanzen in der Atmosphäre

Hans Cousto berichtet auch von einer weiteren Schlüsselentdeckung. Hochinteressant sei auch die Verbindung zwischen dem Klang-Archetyp des Erdentages und den sogenannten Atmospherics, markante elektromagnetische Impulse der Erdatmosphäre, die Wetterwechseln vorausgehen. Sie wurden Ende der 70 Jahre von Hans Baumer entdeckt und erforscht.[33]

All diese Schwingungen bilden direkte Oktav-Resonanzen zum Ton des Erdentages in Bereichen ab 6000 Hertz. Wir könnten hier mit unserem neu erworbenen Wissen sagen, daß es sich wohl kaum anders verhalten wird, denn in Resonanz mit umgebenden Schwingungen zu sein heißt ja auch, den energetisch günstigsten Weg zu wählen. Auch das Wetter ist also kosmisch gestimmt.

Erinnern wir uns: Blockaden verhindern die Resonanz

Die Harmonie des Mitschwingens durch Resonanz wird allerdings heutzutage durch eine Fülle von Blockaden empfindlich gestört. Durch moderne Lebensumstände und kollektive Verdrängungen sind die meisten Menschen zunehmend taub gegenüber subtilen Schwingungsfeldern der Klang-Archetypen geworden. Damit ist uns das Gefühl, hier auf diesem Planeten beheimatet zu sein verlorengegangen, und oft verbleibt nur noch die Ahnung an ein lange verloren geglaubtes Paradies.

Diese Ahnung, die in jedem von uns noch steckt, können wir als Vehikel auf unserer Reise zu mehr Lebensfreude und Kraft gebrauchen, als Kompaß auf dem Weg zum Ein-Klang mit der Welt, in der wir leben.

Therapeutische Arbeit mit dem Tagesklang-Archetyp

Es liegt nahe, mit den therapeutisch wertvollen Resonanzschwingungen des Tagesklang-Archetyps in Form von hörbarem Klang der Note G oder auf G gestimmter Musik bzw. durch die Verwendung von rotem Licht bewußt gelenkte heilende Wirkung auszulösen. Auf diese Weise können wir durch die Resonanzeffekte spürbare Ergebnisse erzielen und in uns wieder ein Gefühl für das erzeugen, was eigentlich selbstverständlich sein sollte.

Orangerotes Licht bzw. die Kraft der Farbe Orangerot ist seit Jahrtausenden bekannt. Erinnern wir uns nur an die uralte Tradition der buddhistischen und hinduistischen Mönche, leuchtend orangerote Kleidung zu tragen.

Farbmessungen an Kleidungsstoffen haben durchweg ergeben, daß diese Farbe der »Resonanzton« in der 65. Oktave ist Und da – wie wir gesehen haben – die DNS ihr Resonanzmaximum in der 66. Oktave hat, stellen wir fest, daß beide Phänomene nur eine Oktave auseinanderliegen. Diese eine Oktave ist die direkteste und wirksamste aller harmonischen Beziehungen.

Orangerote Kleidung wirkt daher extrem dynamisierend und aufmunternd. Im günstigsten Fall fördert das »rote Tuch« die Wundheilung und baut ein kollabiertes Immunsystem wieder auf. Im vordergründig schlimmsten Fall wirkt sie wie das berühmte »rote Tuch« im Stierkampf.

Es erscheint heute mehr als sinnvoll, sich regelmäßig vorbeugend auf den Tagesklang-Archetyp einzuschwingen, indem wir uns von den bewußt wahrnehmbaren Oktavfrequenzen in Resonanz versetzen lassen.

Tragen, malen und sehen Sie Rot!

Vielleicht besitzen Sie ein leuchtendrotes Kleidungsstück. Dann tragen Sie es an einem sonnigen Tag und fühlen Sie sich in die Farbe ein. Spüren Sie das rote Licht auf Ihrer Haut, spüren Sie den Lichtstrahlen auf dem Weg in Ihren Körper nach! Nutzen Sie moderne Biosaunen mit ihren Farbprogrammen.

Malen Sie ein großes Blatt Zeichenpapier bewußt leuchtendrot an. Spüren Sie, was diese Tätigkeit in Ihnen auslöst.

Kommen Gedanken der Wut, der Großartigkeit, der Trauer, der Kraft auf, oder erscheinen Ihnen innere Bilder? Was auch immer passiert, notieren Sie hier ein paar Stichworte dazu:

Die Erde und das Wurzel-Chakra

Aufschlußreich ist auch die Erforschung des Einflusses der Farbe Rot auf unser körperenergetisches System in Gestalt der sieben Hauptchakren.

Die Chakrenlehre kommt aus Indien und bezeichnet ein energetisches System aus sieben Hauptchakren und einer Vielzahl von Nebenchakren, die sich über den ganzen Körper verteilen. Sie sind Austauschorte für das innere körpereigene und das äußere Energiefeld der Welt, in der wir leben.

Diese feinstofflichen Zentren sind die Tore zur

Welt der energetischen Schwingungen und somit auch der Klang-Archetypen. Durch Resonanzwirkungen auf Farben, Klänge, Edelsteine und ätherische Öle, aber auch durch Massage oder energetische Heilweisen, wie z.B. Reiki, können die Chakren geöffnet, belebt und wieder ausgeglichen werden.

Das unterste Chakra, das Wurzel-Chakra liegt in der Verlängerung der unteren Wirbelsäule – nach unten weisend – zwischen Anus und Perinäum, und ist bezeichnenderweise dem Element Erde zugeordnet, jenem Ort, wo die Wurzeln und Samen zu Hause sind, jenem Ort der Fruchtbarkeit und Kraft. Auf der körperlichen Ebene sind dem Wurzel-Chakra der Knochen-, Zell- und Blutaufbau zugeordnet, auf der Gefühlsebene Lebensfreude, Kreativität, Durchsetzungsvermögen, Mut, Leidenschaft, Kraft und Lust am Leben.

Störungen im Wurzel-Chakra können im Sinne einer Über- bzw. Unterfunktion interpretiert werden, deren Symptompalette von extremer Genußsucht bis zu Vitalitätsstörungen und schwerer Kraftlosigkeit reichen. Der Mensch wird dann zum Spielball stärkerer Energiesysteme.

Die Farbe Rot erweist sich nach aller therapeutischen Erfahrung als absolut ideale Stimulanz für das Wurzel-Chakra. Bestrahlungen mit rotem Licht haben eine harmonisierende Wirkung auf dieses Energiezentrum. Das Wurzel-Chakra resoniert auf den Klang-Archetyp des Erdentages. Eine entsprechende Therapie kann helfen, das taub gewordene Energiezentrum zu öffnen, damit gestaute Energie abfließen bzw. frische Energie einströmen kann.[34]

Praktische Anregungen mittels rotem Licht und kosmisch gestimmten Gongs und Stimmgabeln sowie Fantasiereisen, die Resonanz auf den Erdentag erhöhen, finden Sie im ausführlichen Praxisteil dieses Buches.

Das Erdenjahr – das »entspannende seelische Prinzip«

... und dieser Ton ist die Quelle aller Offenbarung.
Wer das Geheimnis dieses Tones kennt, kennt das Mysterium des Weltalls.
Hazrat Inayat Khan

Die Schwingung des Erdenjahres entsteht dadurch, daß sich unser Planet um die Sonne dreht. Demzufolge konnte sein Wirken auch erst von dem Moment an mathematisch berechnet werden, als das heliozentrische Weltbild wieder verbindliche Grundlage geworden war.

Der Erd-Jahreszyklus dauert 365,25 Tage, das ergibt eine Zeitspanne von 31 553 280 Sekunden. Über die inzwischen bekannte Formel Frequenz = 1 : Dauer der Periode in Sekunden können wir daraus einen Ton von 0,000 000 031 692 43 berechnen. In der 32. Oktave begegnet uns dieser Ton als hörbares CIS mit einer Frequenz von 136,10 Hertz. In der 74. Oktave erstrahlt dieser Klang-Archetyp in leuchtendem Grün mit leichten Blau-Anteilen, der Farbe der reifen grünen Natur. Seine Wirkungsweise folgt völlig anderen Gesetzmäßigkeiten als der Klang-Archetyp des Erdentages.

Stellen Sie sich vor, Sie sitzen auf einer saftiggrünen Sommerwiese, eingetaucht in leuchtendes Sonnenlicht. Alles wächst und grünt, und Sie baden in diesem Farbenspektrum aus natürlichem Sommergrün. Spüren Sie der Wirkung der Farbe Grün nach. Betrachten Sie das Bild rechts, und machen Sie sich dazu Notizen.

Die Farbe Grün gilt von alters her als das Prinzip der Beruhigung und Hoffnung, und so mancher aufgewühlten Seele verhilft in der kalten grauen Winterszeit die Vorstellung des kommenden Frühlingsgrüns zu neuem Lebensmut.

Jeder von uns kennt auch die Freude, die uns angesichts der wiederergrünten Natur mit ihren leuchtendgrünen Farbspielen durchströmt – besonders nach langer Krankheit.

In der abendländischen Musikkultur besitzt die Note CIS keinen herausragenden Stellenwert. Vordergründig scheinen keine weiteren Zusammenhänge zu existieren. Doch wir brauchen unseren Blick nur ein bißchen über den Tellerrand zu werfen – speziell nach Indien ...

Die Ursilbe OM

Im indischen Kulturkreis existiert ein reiches Wissen an meditativ gewonnenen Einsichten in die Weltenzusammenhänge als bei uns – Einsichten, denen wir mit unseren kausalen wissenschaftlichen Methoden nur Fragezeichen gegenübersetzen können. Mit intuitiver Sicherheit und Genauigkeit bewegen sich die Weisen mit den Mitteln der Meditation und der Musik auf für uns unsichtbaren Pfaden, folgen für das westliche Auge unsichtbaren Landkarten.

Die Urseele *Brahman*, vielerorts als goldener Vogel »Welthüter« bezeichnet, und ihr innerer Wesenskern *Atman* beinhalten die ewig unzerstörbaren Uraspekte, aus denen alles Sein hervorgegangen ist und in die es wieder versinken wird.

Diese Vorstellung findet ihren Widerhall in der indischen Musik, die um den zentralen Grundton OM kreist. Er wird überall in Indien auf den Ton CIS intoniert. Dies geschieht ohne Stimmgabel oder moderne Aufzeichnungstechniken. Im Gegenteil: Der Ton bzw. Klang wird durch meditatives Einstimmen auf die Silbe OM immer wieder neu gefunden.

Damit wurde dieser Grundton über Generationen von Lehrer zu Schüler weitergegeben, ohne daß er sich irgendwo im Lande bezüglich seiner Notenhöhe verändert hätte. Ein Schüler mußte und muß jahrelang üben, bis das OM, der Vater der Töne, auch *Sadja* genannt, in ihm zu Hause, in seiner Person verwurzelt ist. Wenn Sie einmal in den altindischen Upanishaden blättern, finden Sie dort folgende Hinweise:

Die Essenz aller Wesen ist die Erde,
die Essenz der Erde ist das Wasser,
die Essenz des Wassers sind die Pflanzen,
die Essenz der Pflanzen ist der Mensch,
die Essenz des Menschen ist die Rede,
die Essenz der Rede ist das heilige Wissen,

die Essenz des heiligen Wissens ist
Wortlaut und Klang,
die Essenz von Wortlaut und Klang ist "OM".[35]

Hazrat Inayat Khan, der große Weise, stellt weiter fest: »Ein Großteil der geheimen Kraft, die die Hindus in der Musikwissenschaft entdeckten, war von der Wissenschaft der Astrologie abgeleitet.« Sie wußten nur zu genau, daß dasjenige, das alles erschaffen hat und alles am Sein erhält, eine Kraft ist: Vibration, was soviel heißt wie Schwingung. Diese Urschwingung ist in der Silbe OM verkörpert, dem Urklang schlechthin. Joachim-Ernst Berendt nannte seinen späteren Bestseller zu diesem Thema bezeichnenderweise: *Nada Brahma: Die Welt ist Klang.*

Wer auf die Silbe bzw. den Klang OM meditiert, meditiert nicht nur auf einen x-beliebigen Ton, er meditiert auf die Harmonie der Erde mit der Sonne, dem notwendigen Lebensspender. Mikrokosmos und Makrokosmos verschmelzen und bilden im Meditierenden einen Einklang: OM, ein Ton der Note CIS und damit ein Oktavton unseres Jahres-Klang-Archetyps.

Wer länger auf diesen Ton meditiert, erfährt etwas von dem All-Eins-Sein, vom In-der-Welt-Geborgen sein. Meditierende können dazu noch viele Eindrücke beisteuern. Welche Erfahrungen machen Sie damit?

Betrachten wir in diesem Zusammenhang auch einmal das klassische indische Musikinstrument, der Sitar, das selbstverständlich traditionell auf CIS gestimmt wird.

Hochinteressant ist die Beobachtung von Hans Cousto, daß praktisch alle traditionell von Meisterhand gefertigten Sitars eine Länge von 88 Zentimetern haben. Ein Pendel mit 88 Zentimetern Fadenlänge schwingt rund 32mal pro Minute hin- und her. Daraus läßt sich ein CIS in der 24. Oktave berechnen. Also finden wir auch hier Querverbindungen zum Jahresklang-Archetyp.

Haben Sie schon einmal einem klassischen Sitar-Konzert beigewohnt? Dann kennen Sie das lange Vorspiel, das den Musikern dazu dient, sich und das Instrument meditativ auf OM und damit auf CIS einzustimmen. Musiker und Instrument sind dann im Einklang mit dem Lauf der Dinge, und nicht umsonst hat diese Musik eine so unglaubliche harmonische Wirkung.

Die Wirkung auf Pflanzen

Berendt nennt den Jahresklang-Archetyp den Sonnenton und verweist dabei auf den astronomischen Bezug des Umlaufes der Erde um die Sonne. Tatsächlich wohnen dem Ton sehr lichte Potentiale inne, wie Sie selbst erfahren können. So haben Mitarbeiter von Hans Cousto angeblich seinerzeit im Winter eine Geranie an einem Nordfenster täglich mit einer CIS-Stimmgabel behandelt, ebenso das Gießwasser. Während alle anderen Geranien in ihrer Winterruhe verharrten, begann diese nach kurzer Zeit zu blühen. Auch gut zu beobachten ist die Reaktion von rankenden Gewächsen. So wuchs z.B. mein Philodendron sogar vom Fenster weg hin zur Lautsprecherbox (!!!), aus der wochenlang bevorzugt klassische Sitarmusik schallte, die eben auf CIS gestimmt war. Probieren Sie's aus!

Auf diesem Gebiet gibt es noch eine Menge Grundlagenforschung zu leisten. Versuchen Sie doch einmal, dieses Experiment im eigenen Hause nachzuvollziehen und schreiben Sie mir Ihre Erfahrungen.

Hilfe für das Herz-Chakra

Die Resonanzfarbe Grün wird in erster Linie dem vierten Hauptchakra, dem Herz-Chakra zugeschrieben. In der Chakrenlehre bildet es die magische Mitte, die Übergangsschwelle von der körperlichen zur geistigen Welt. Sein Versorgungsgebiet auf körperlicher Ebene ist der Herz-, Lungen- und Rückenbereich und das gesamte Kreislaufsystem. Genau betrachtet liegen die Dinge allerdings tiefer: Jede

Sehnsucht nach Einssein mit einem Menschen oder der ganzen Welt drückt sich über das Herz-Chakra aus, auch wenn wir dies zuweilen nur durch deren »verzauberte Formen« wie Trauer, Schmerz, Angst vor Trennung wahrnehmen.

In seiner geöffneten Form ist das Herz-Chakra das Zentrum wahrer bedingungsloser Liebe. Es verfügt somit über ein gewaltiges Transformationspotential.[36] Ist das Herz-Chakra nicht genügend geöffnet, läßt es uns leicht verletzbar erscheinen. Wir ziehen uns viel zu schnell in unser inneres Schneckenhaus zurück, aber die Sehnsucht nach Liebe und Einssein bleibt: Grundlage für Depressionen. Blockaden in diesem Bereich äußern sich dann in Besitzgier, Verschlossenheit, Härte und Desinteresse an der Welt.

Wir wissen, was mit einem »gebrochenen Herz« gemeint ist. Im Bereich dieser Organe, vor allem des Herzens, liegen die häufigsten organischen Anfälligkeiten. Vielfach können Bestrahlungen mit grünem Licht beziehungsweise auf CIS gestimmte Musik lindernd auf den Brustbereich einwirken. Ziehen Sie ein grünes T-Shirt an, und schreiten Sie durch die strahlende Sonne, oder spazieren Sie durch die tiefgrüne Natur im vollen Tageslicht. Welche Erfahrungen machen Sie damit?

____

____

____

____

____

____

____

Im Praxisteil warten eine Reihe von weiteren Meditations- und Übungsanregungen auf Sie.

Das platonische Erdenjahr – das »heitere geistige Prinzip«

Im sagenhaften China der »alten Könige«, erinnern wir uns,
war der Musik im Staats- und Hofleben eine führende Rolle zuerteilt (...)
und die Musikmeister hatten streng über der
Wahrung und Reinhaltung der »alten Tonarten« zu wachen.

Hermann Hesse

Wenn wir zurückblicken, stellen wir fest, daß sich der Klang-Archetyp des Erdenjahres gegenüber demjenigen des Erdentages deutlich in die lichten inneren Räume der Seele verlagert. Die längste Dauer einer einzelnen Schwingung beträgt ein Jahr, ein für Menschen immerhin noch leicht überschaubares Maß.

Vergegenwärtigen wir uns nun, daß die Erde um eine unsichtbare Achse kreist. Die Astronomen längst vergangener Zeiten hatten sehr schnell festgestellt, daß diese Erdachse eine Bewegung in Form einer Ellipse vollführt. Dadurch wandert der bereits erwähnte Frühlingspunkt: Die Erdachse bewegt sich dadurch durch die Sternbilder. Im Fachjargon nennt man diesen Vorgang Präzession, und eine Periode – also eine komplette Kreiselbewegung der Erdachse – dauert durchschnittlich 25 920 Jahre. Angeblich wurde dieser Zusammenhang bereits um 150 v. Chr. von Hipparch, einem großen griechischen Sternenkundler beschrieben.

Aus diesen Werten läßt sich der Klang-Archetyp des platonischen Jahres berechnen: Es ist ein Ton der Note F mit 172,06 Hertz in der 47. Oktave und der zugehörigen Farbe Purpurrot in der 88. Oktave. Hier stoßen wir nun auf ein Kuriosum sondergleichen: In der 89. Oktave taucht der Klang-Archetyp noch einmal auf als ein tiefes Violett.

Dieser Klang-Archetyp der Erde beginnt nun die gewohnten Erfahrungshorizonte zu verlassen, und erst einmal finden sich kaum Spuren seiner Resonanz. Unsere Sehorgane resonieren nur noch schwach in diesen extremen Bereichen an den beiden äußeren Rändern unseres sichtbaren Lichtspektrums, und dieser Klang-Archetyp verweist wie kaum ein anderer eindeutig auf die Schwelle vom Sichtbaren zum Unsichtbaren.

Und noch etwas Bemerkenswertes zeigt sich hier: Fügt man die beiden Enden dieses spektralen Farbbandes zusammen, so wie es Goethe damals in seiner Farbenlehre getan hat, dann findet die »unio mystica« – die Vereinigung der Seele mit Gott – bei den Oktavfrequenzen dieses Klang-Archetyps statt.

Auf den ersten und auch auf den zweiten Blick finden sich kaum Anhaltspunkte für Resonanzwirkungen in unserer Welt, und überhaupt wirken die Dimensionen dieses Klang-Archetyps geradezu weit jenseits unserer gewohnten Welt von Gut und Böse angesiedelt. Wer kann schon einen solch gigantischen Zeitraum von 25 920 Jahren überblicken?

Nehmen wir diese Gedanken aber als Wegweiser, und schauen wir in die Welten jenseits von Gut und Böse, jenseits der Polarität. Es liegt nahe, hier auf die Schriften des alten China zur Zeit der Taoisten zurückzugreifen.

Zu jener Zeit – und ihr Echo klingt bis in unsere Tage hinein – stand die Lehre vom Tao, dem nicht näher benennbaren Wirkprinzip hinter den Polaritäten Yin und Yang, im Zentrum des Seins, und große Weise wie Lao Tse oder Dschuang Dse haben darüber bis heute erhaltene Schriften verfaßt. Ebenso blieben Informationen über die damalige Musik erhalten. Wir wissen jetzt, daß Musik und Kosmologie auf das engste miteinander verwoben sind, geeint durch die kosmische Oktave. Es muß also auch gar keinen mehr verwundern, daß der Kammerton im China jener Tage auf das heutige F und damit auf den Klang-Archetyp des platonischen Jahres gestimmt gewesen ist. Das haben akustische Vermessungen alter Stimmpfeifen ergeben.

Dieser Ton wurde der »Ton der gelben Glocke« genannt. Cousto verweist in diesem Zusammenhang darauf, daß Gelb die Komplementärfarbe zu Violett ist! Dieser Gedankengang paßt wiederum ausgezeichnet in jene Epoche, in der es durchaus üblich war, ein Phänomen mit seinem polaren Gegenpart zu benennen.

Die Taoisten haben also ohren- und augenscheinlich die Resonanz zum platonischen Jahreszyklus in sich erfühlt und in Klang, Wort, Lehre und Kultur übertragen. Die erste Szene aus dem alten China steht voll in dieser Tradition.

Dem Ton der gelben Glocke wurde eine sehr große Bedeutung beigemessen, ja in kaum einem Land war Musik für das Geistesleben so bedeutend, wie auch die folgende Passage aus *Li Gi – Buch der Riten, Sitten und Bräuche* erläutert: »So muß man die Laute untersuchen, um die Töne zu verstehen; man muß die Töne untersuchen, um die Musik zu verstehen; man muß die Musik untersuchen, um die Gebote zu verstehen. So wird der Weg zur Ordnung vollkommen. Wer die Laute nicht versteht, mit dem kann man nicht über die Töne reden; wer die Töne nicht versteht, mit dem kann man nicht über Musik reden. Wer die Musik versteht, erreicht auch dadurch die Geheimnisse der Sitte; wer die Musik und die Sitte beide erlebt hat, besitzt Leben: Leben zeigt sich im Erleben.«[37]

Zitieren wir hier noch einen Spruch von Dschuang Tse: »Tao handelt nicht und hat keine Gestalt. Man kann es verstehen, ohne es sehen zu können. Es ist seine eigene Wurzel und hat immer existiert (...) Älter als das älteste Altertum, wird es doch nie alt.«[38]

Der Klang-Archetyp des platonischen Jahres führt uns in Regionen der Weisheit hinter den Gegensätzen. Seine Qualitäten sind auf eigentümliche Weise als heiter zu bezeichnen. Es ist dies die Heiterkeit hinter dem so komplexen Spiel der Gegensätze. Schauen wir uns eine der zugeordneten Farben an, und zwar das tiefe Violett am Rande des Lichtspektrums. Violett gilt von alters her als die Farbe der Verwandlung und des Übergangs. In ihr verschmelzen das Rot der Antriebskraft und das Blau der Ruhe. Die Farbexpertin Maria Hulke schreibt, daß Menschen, die Violett bevorzugen, zumeist Individualisten, hochsensible Künstler, auf alle Fälle außergewöhnliche Mitmenschen sind, die nicht im derzeitigen Strom des gesellschaftlichen Lebens mitschwimmen.[39]

Was fällt Ihnen zu dieser Farbe ein? Und was für Stimmungen fühlen Sie beim Betrachten des gegenüberliegenden Bildes in sich aufsteigen?

Transformation für das Scheitel-Chakra

Violettes Licht ist bezeichnenderweise dem obersten der sieben Hauptchakren, dem Scheitel-Chakra zugeordnet. Es liegt als zentrales Energiezentrum am Scheitel des Kopfes. Ihm werden Spiritualität, Erkenntnis, Persönlichkeitsentfaltung, tiefe Einsicht in das Wesen der Dinge zugeordnet; Blockaden in diesem Chakra äußern sich als Depression, Unentschlossenheit, tiefe Selbstzweifel und Todesangst. Auf körperlicher Ebene werden diesem Chakra der gesamte Kopf- und Großhirnbereich zugeordnet.

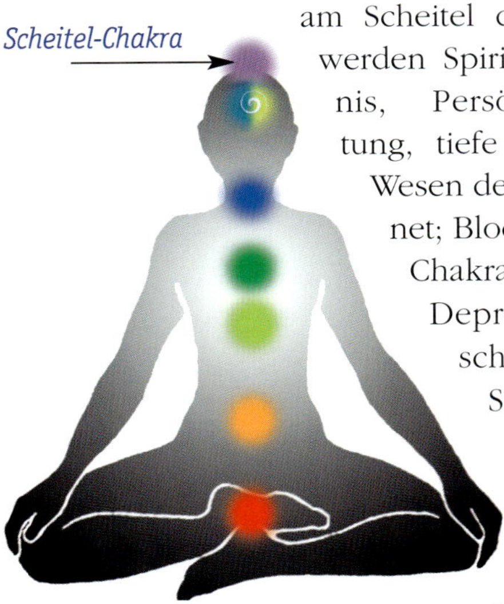

Im Praxisteil des Buches finden Sie dazu vertiefende Meditationsanleitungen.

Zusammenfassung

Wie wir gesehen haben, zeigen sich die Klang-Archetypen der Erde in komplexen Verbindungen zu unserer irdischen materiellen, spirituellen und geistigen Existenz. Sie durchdringen uns, seit es uns gibt. In verschiedenen Phasen der menschlichen Kultur- und Geistesgeschichte wurden sie deutlich wahrgenommen und haben tiefe Einsichten in das Wesen der Dinge ermöglicht. Wir haben festgestellt:

- Unsere gesamte Struktur der Erbinformation hängt vom Klang-Archetyp des Tages ab. Das irdische Leben hat sich damit vorhandenen Resonanzfeldern angepaßt.
- Der Klang-Archetyp des Jahres erfüllt uns mit einem inneren Licht.
- Die lichtgebenden Potentiale sind so groß, daß sie im Winter Geranien erblühen lassen und Pflanzen zu starkem Wachstum anregen können.
- Der Klang-Archetyp des platonischen Jahres geleitet uns dann zu den Wirkstrukturen hinter unserer vordergründigen Alltagswelt hin zur geistigen Welt jenseits von Zeit und Raum, zur Welt des Namenlosen und Ewigen.
- In der Weite der menschlichen Kulturgeschichte und der Vielfalt des Lebens auf diesem Planeten

finden wir diese drei Klang-Archetypen in unendlicher Reflexion wieder, sofern wir ihrer gewahr werden können. Wir spüren dann, daß wir genau hier auf Erden zu Hause sind, auf der Erde und in der unendlichen Weite des Universums. Viele vordergründig zusammenhanglose rote Fäden ergeben nun ein harmonisches Netz von sinn-vollen Bedeutungen und Beziehungen.

- Besonders erwähnenswert finde ich, daß diese drei Klang-Archetypen ausgerechnet im untersten, mittleren und obersten der sieben Hauptchakren resonieren.

Was aber ist mit den anderen Gestirnen, mit Mond, Sonne und den anderen Planeten? Schauen wir doch weiter in den weiten Kosmos um uns herum!

Der Klang-Archetyp des synodischen Mondumlaufs

Das »kommunikativ-erotische Prinzip«

Sie erneuerte die Mondsichel auf ihrer Stirn.
Auf Brust und Bauch zeichnete sie die Linie des Vollmondes
und dicht über der dunklen Scham den schwarzen Mond.

Marion Zimmer-Bradley

Die Fachwelt streitet über die Bedeutung der anderen Klang-Archetypen unseres Universums, speziell jener der acht weiteren Planeten. Einig sind sich die Fachleute aber darüber, daß die Klang-Archetypen des Mondes und der Sonne von großer Bedeutung sein müssen.

Wesentlich lebensnaher präsentiert sich der Klang-Archetyp des Mondes. Dies mag uns vordergründig nicht erstaunen, denn der Mond zeigt uns seine Präsenz im mystisch kalten nächtlichen Licht, unter dem die Wölfe in den Märchen jaulen und die Hunde und Katzen unserer Tage »singen«. Des weiteren wirkt er auf die großen Gewässer im Sinne von Ebbe und Flut, und auch der Menstruationszyklus der Frau ist seltsam genau auf den Mondzyklus geeicht.

Es gibt verschiedene Mondumläufe: den *siderischen* Umlauf in Bezug zum Fixsternhimmel und den *synodischen* in Bezug zur Sonne Ich beziehe mich im folgenden auf den *augen*-scheinlich grundlegendsten von ihnen: den synodischen. Von unserer irdischen Heimat aus gesehen durchläuft der Mond von Vollmond zu Vollmond eine Zeitspanne von 29,53 Tagen.

Daraus läßt sich mit unserem mathematischen Rüstzeug eine Frequenz von 0,000 000 391 935 1 Hertz berechnen, die in der 29. Oktave als GIS mit 210,42 Hertz und in der 65. Oktave als leuchtendes Orange mit 648 Nanometer auftaucht. In der 30. Oktave erhalten wir 420,84 Hertz, und dies ist der alte Kammerton A der Barock-Ära. In seinen Vorträgen weist J.E. Berendt darauf hin, daß Mozarts Stimmgabel auf den alten Kammerton mit 421 Hertz gestimmt war. Aber nach 1820 wurde die Frequenz des Kammertons graduell erhöht: Die Musik verließ die magische Stimmung des Mondes. Mozarts Note A wurde dadurch ein GIS. Hätten Sie das gewußt?

Viel Wissen über die Mond-Mensch-Beziehung ist in den letzten Jahrhunderten verlorengegangen. Da dieses Wissen zum großen Teil durch die weisen Frauen mündlich überliefert wurde, erlosch es im Zuge der dramatischen Ereignisse zur Zeit der Hexenverbrennung zusammen mit anderem Heilwissen nahezu vollständig. Heutzutage scheint es die Domäne der Frauen und modernen Hexen zu sein, diesen Schatz wieder zu heben.

Mondsensible Mitmenschen werden nicht mehr so belächelt wie noch vor 30 Jahren, aber nur die wenigsten Menschen unserer Gesellschaft wissen noch um die Beziehungen zwischen Pflanzenwachstum und Mondstand. So neigen Pflanzen z.B. dazu, im Zuge des näher rückenden Vollmondes die Blätter zu entfalten, während sie in Zeiten des abnehmenden Mondes ihre Wurzeln vertiefen. Eine alte Bauernregel sagt dem Kundigen: »Was nach unten wächst, säe im abnehmenden Mond. Was nach oben wächst, säe im zunehmenden Mond.«[40]

Wer in unseren Tagen mit dem Mond und seinen Einflüssen experimentiert, spürt schnell die Verbindung zu Kommunikation, Sehnsucht nach Nähe und Sexualität. Andererseits scheint es bezüglich dieses Themas aber ein tiefes Stillschweigen zu geben, und bereits in unserer zweiten Szene stellt Columba enttäuscht fest, daß die Menschen die Sternenschrift nicht mehr verstehen. Nach dem Konzil von Nikäa im Jahre 325 n.Chr. wurde im christlichen Kulturbereich das Osterfest, das bis dahin auf den Zeitpunkt des ersten Frühlingsvollmondes festgesetzt worden war, in die Zeit des abnehmenden Mondes verschoben, heraus aus dem strahlenden Licht des Beltane-Festes hin in die aufsteigende Dunkelheit.

Beltane war der Inbegriff eines mondbezogenen Fruchtbarkeitskultes, von dessen Gelingen das Wachsen und Gedeihen ganzer Regionen abhing. Heute wird Ostern am ersten Sonntag nach dem ersten Frühlingsvollmond gefeiert. Die »Frühlings-Voll-Mond-Kraft« ist damit erloschen, die Gefahr der »ursprünglichen Kraft« mit dem Segen der Kirche gebannt.

Der Mond klingt im Kalender lediglich in Begriffen wie Monat oder Montag nach. Ursprünglich waren die Mondphasen wesentliche Grundlage für die Erstellung der Kalendarien und für den Umgang mit Zyklen: Ein Montag oder Mond-Tag war ursprünglich jener Tag, an dem der Mond ein Viertel des synodischen Umlaufes vollbracht hatte. Bei Neumond begann der neue Monat. Nirgendwo läßt sich das alte Vollmondwissen besser nachlesen als im Roman *Die Nebel von Avalon* von Mario Zimmer-Bradley.

Shalila Sharamon und Bodo Baginski beschreiben in *Die kosmobiologische Geburtenkontrolle* sehr schlüssig eine auf den Mondzyklen aufbauende Methode der Empfängnisverhütung, deren Grundannahmen von dem Arzt Dr. med. Eugen Jonas als richtig bestätigt worden sind. Korrekt angewandt erweist sich diese Methode als so sicher wie die »Pille«. Umfassende Studien haben ergeben, daß ein gesunder Menstruationszyklus zwischen 29 und 30 Tagen dauert. Die Beziehung dieser Werte zum synodischen Mondzyklus mit 29,53 Tagen ist geradezu sensationell bestechend.

Baden Sie in orangefarbigem Licht

Der dem Klang-Archetyp des Mondes zugeordnete Farbwert ist Orange. Orange gilt als Farbe der Heiterkeit, des Optimismus und der Kommunikation und hat den Charakter des Sich-Verströmen-Wollens. Orange ist verbunden mit innigen Gefühlen, Sehnsüchten und Wünschen.[41]

Es ist eigentlich eine durch und durch positive Farbe, Kinder lieben sie besonders, sei es in Gestalt einer Apfelsine oder einer leuchtenden Blume.

Was fällt Ihnen zu dieser Farbe ein? Aktiviert sie Ihre Lebensgeister? Fühlen Sie Freude oder eher Trauer in sich aufsteigen?

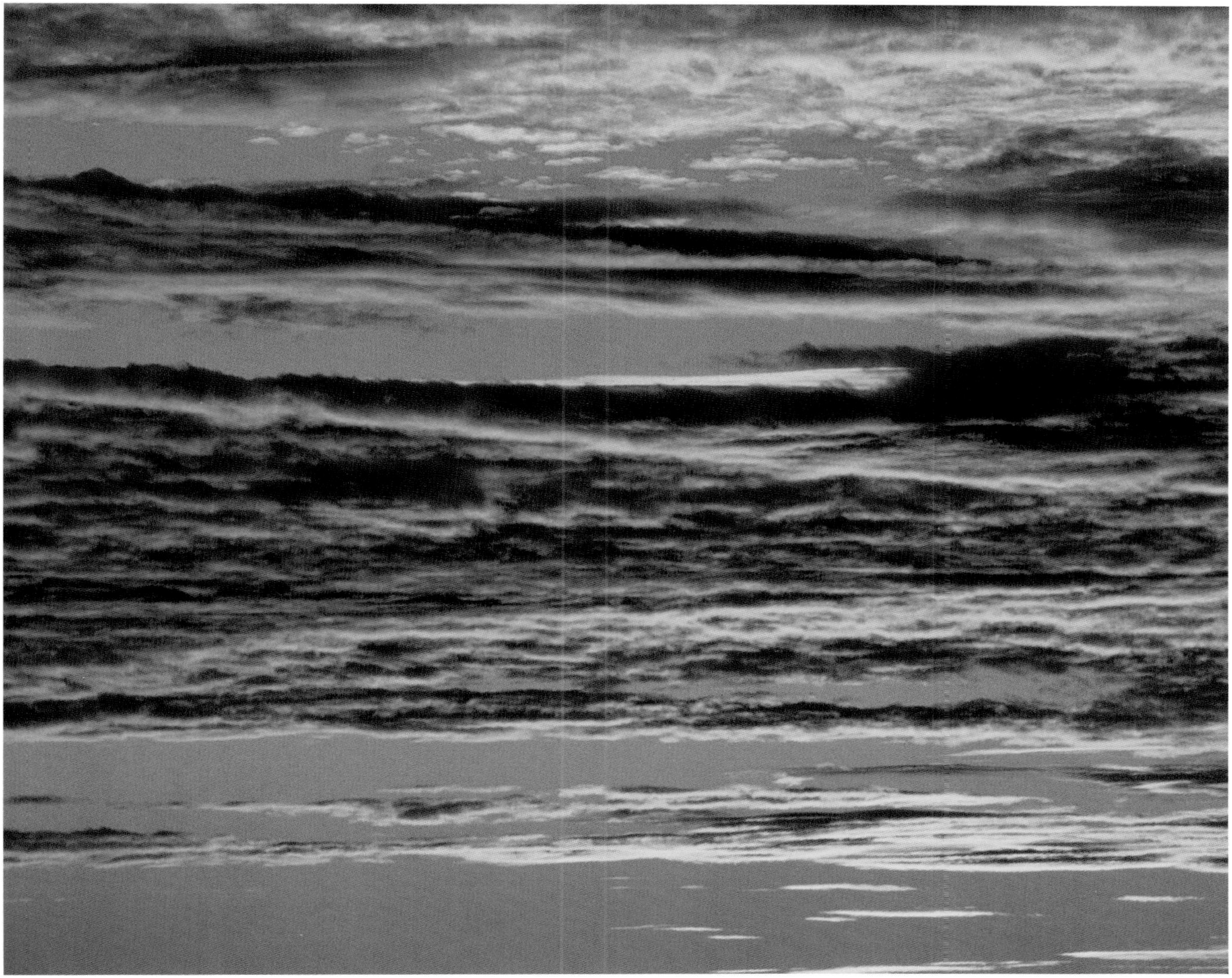

Energiedusche für das Nabel-Chakra

Es muß uns eigentlich gar nicht verwundern, daß die Farbe Orange nach der Meinung fast aller Heiler/innen die ideale Resonanzfarbe für das zweite Hauptchakra, das Nabel-Chakra ist. Diesem Chakra, das in Höhe des dritten Steißbeinwirbels liegt, sind die Verdauungsorgane, die Nieren, die Geschlechtsorgane und Teile des Lymphsystems zugeordnet. Seine Qualität läßt sich mit Begriffen wie Gefühlswärme, Zeugungskraft, Lustbetontheit und Lebensfreude beschreiben, während sich Blockaden in Gefühlsarmut, Kontaktangst und Schuldgefühlen äußern können.

Fazit: Der Mond ist nach allen Erfahrungen sehr präsent im Leben auf der Erde, und der Klang-Archetyp erweckt seltsam schöne und wilde Energien in uns. In den letzten Jahren ist eine breite Palette an Literatur zum Thema Mond erschienen. Daneben gibt es auch Mondkalender, Mondtagebücher und andere dem Mond zugeordnete Utensilien, so daß ein fast schon vergessenes Kapitel am Ende des 20. Jahrhunderts wieder ins Bewußtsein der Menschen tritt. Im Praxisteil warten auch hierzu einige tiefgehende Meditations- und Übungsanregungen auf Sie.

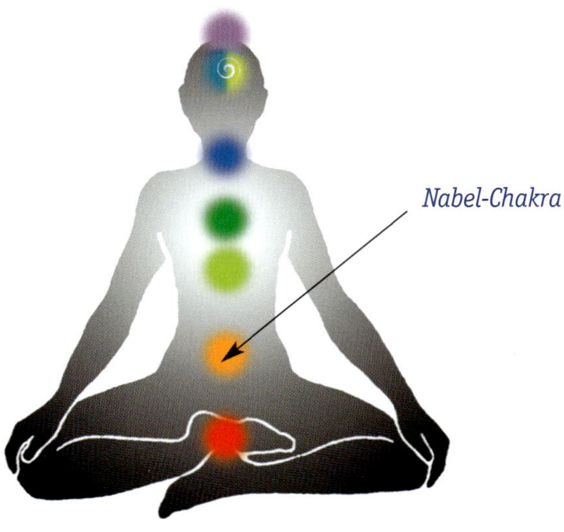

Der »theoretische« Klang-Archetyp der Sonne

Das »magisch-transzendentale Prinzip«

Set the controls for the heart of the sun.
The heart of the sun.
The heart of the sun.
(Nimm Kurs auf das Herz der Sonne,
auf das Herz der Sonne,
auf das Herz der Sonne.)

Roger Waters

Die Planeten unseres Sonnensystems umkreisen die Sonne auf ihren Umlaufbahnen. Sie unterliegen erforschten physikalischen Gesetzen. Danach gibt es eine Abhängigkeit zwischen der Umlaufgeschwindigkeit eines Himmelskörpers und seiner Entfernung von der Sonne. Um diese komplexen Sachzusammenhänge auf einen kurzen Nenner zu bringen: Je näher ein Planet an der Sonne wäre, desto höher müßte seine Umlaufgeschwindigkeit sein. Seit den Arbeiten von Albert Einstein kennen wir alle den Grenzwert für die Geschwindigkeit materieller Objekte: die Lichtgeschwindigkeit. Sie ist für die materielle Welt ein niemals zu überwindender Grenzwert.

Hans Cousto berechnete den theoretischen Grenzwert für einen gedachten Planeten gemäß der Frage, wo sich die Schwelle befindet, bei der ein Planet unseres Sonnensystems Lichtgeschwindigkeit erreichen müßte.[42] Als Ergebnis solcher Berechnungen erhalten wir einen Punkt innerhalb der gleißenden Sonnenkugel, genau gesagt einen Wert von 1 476,6 Meter Entfernung vom Mittelpunkt der Sonne. Berechnet man die Umlauffrequenz für diesen theoretischen Planeten, ergibt sich ein Wert von 32 312,52 Hertz. Seine erste Unteroktave liegt bereits im hörbaren Bereich. In der neunten Unteroktave erhalten wir einen Ton im Bereich der Note C mit 126,22 Hertz. Als Farbwert finden wir bei 540

Nanometer ein eigentümliches magisches Gelb mit deutlichen Grünanteilen.

Aufgrund dieses Wertes kann die Gravitationslänge[43] der Sonne berechnet werden. Sie beträgt 1 476,6 Meter. Die Berechnung ist außerordentlich komplex und kann deswegen hier nicht detailliert dargestellt werden. Alle Physik-Interessierten und »Mathe-Maniacs« finden sie in Coustos Buch *Die kosmische Oktave* genauestens erklärt.

Was bringen uns diese abstrakten Darstellungen? Sie wären vielleicht gar nicht weiter interessant, wenn es da nicht zwei weltberühmte Bauwerke gäbe, auf die Hans Cousto verweist: die Cheopspyramide und die herrliche gotische Kathedrale zu Chartres.

In der Cheopspyramide lassen sich die faszinierendsten Zahlenverhältnisse nachweisen, wie z.B. jenes Verhältnis, das besagt, daß die Pyramide eine symbolische Darstellung der Erdmaße im Maßstab 1 : 43 200 ist. Die Zahl 43 200 entspricht der Hälfte eines mittleren Sonnentages in Sekunden.

Erinnern wir uns: Der Klang-Archetyp des Tages berechnete sich aus 1 : 86 400 Sekunden, also 2mal 43 200.

Viel interessanter ist aber, daß die Höhe der Cheopspyramide genau 147,64 Meter beträgt. Das ist nahezu exakt ein Zehntel der Sonnengravitationslänge. Die Abweichung beträgt ganze 2 Zentimeter.

In der Kathedrale von Chartres beträgt die Breite des Chors nach Charpentiers Vermessungen 14,76 Meter. Dies ist exakt ein Hundertstel der Sonnengravitationslänge! [44]

Diese beiden Beispiele mögen zeigen, daß der theoretisch gewonnene Wert gar nicht so belanglos ist, wie wir vorerst geglaubt haben. Die Proportionen und Harmonien müssen durch die Zeiten hindurch bekannt gewesen sein.

Meditationen auf den Ton C werden nach Cousto zuweilen als unheimlich empfunden. Er nennt diesen Klang-Archetyp den Ton des 20ten Jahrhunderts, da er in seiner Berechnung das Denken der modernen theoretischen Physik berücksichtigt. Er führt in noch völlig unbekannte neue Bewußtseinsdimensionen – ein Ton für die fortgeschrittenen »Psychonautiker«, wie Cousto ausführt.

Für ein verläßliches therapeutisches Arbeiten fehlen derzeit jedoch präzise Erfahrungen. Hier liegen noch weite Forschungsfelder vor uns.

Der Sonnenklang-Archetyp und das Solarplexus-Chakra

Wir können den Sonnenklang-Archetypen mit dem dritten Hauptchakra in Verbindung bringen, dem Solarplexus-Chakra, das in Höhe des Sonnengeflechtes liegt. Nach Meinung vieler Therapeuten ist

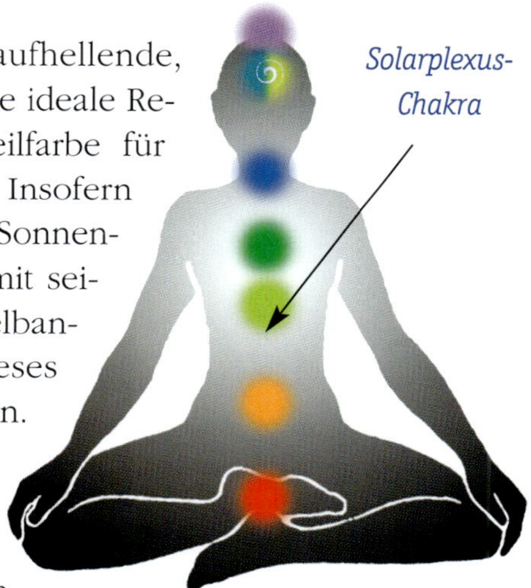

das stimmungsaufhellende, fröhliche Gelb die ideale Resonanz- und Heilfarbe für dieses Chakra. Insofern kann man den Sonnenklang-Archetyp mit seinen hohem Gelbanteilen auf dieses Chakra anwenden. Diesem Chakra obliegt der gesamte vegetative Bereich um Galle, Leber, Bauchspeicheldrüse und Magen sowie Teile des vegetativen Nervensystems. Störungen zeigen sich in Angst, Neid, Depression und ähnlichen Symptombildern.

Die Wirkung dieses Klang-Archetyps soll eine äußerst transformierende Wirkung haben, daß er Thema eines eigenen Buches sein könnte und vielleicht auch sein wird.

Was empfinden Sie beim Betrachten der Farbe Gelbgrün? Notieren Sie Ihre Eindrücke!

Die Klang-Archetypen der anderen Planeten

Natürlich gibt es auch die Klang-Archetypen der weiteren Planeten. Ihr therapeutisch und klinisch verwertbarer Einfluß auf das irdische Leben ist jedoch nicht zuletzt wegen ihrer teilweise gigantischen Entfernung deutlich schwächer.

Die Klang-Archetypen von Merkur und Venus werden in kosmisch gestimmten Chakren-Therapien angewendet. Die Zuordnung des Merkurs zum Kehlkopf-Chakra und der Venus zum Stirn-Chakra sind dabei aus der Erfahrung geboren worden. Die Venus könnte dabei farblich auch mit dem Nabel-Chakra und dann mit Liebe, Schönheit und Sexualität in Beziehung gebracht werden.

Fakt ist aber, daß bereits Hans Cousto bei seiner praktischen Arbeit auffiel, daß die Venus eher den »höheren Liebesenergien« zugeordnet ist. So schrieb auch bereits Paracelsus, daß von der Venus ein ununterbrochener Strom der Erleuchtung fließe, der die Menschen zu neuen Wissenschaften und Künsten führt. Das musikalische Harmonieempfinden stellt er in direkte Beziehung zur Venus. Ausgehend von diesen Betrachtungen wurden Erfahrungen gemacht, die eine Zuordnung der Venus sowohl zum Nabel- als auch zum Stirn-Chakra zulassen – und das trotz der ungewohnten Farbzuordnung im zweiten Fall, denn landläufig wird dem Stirn-Chakra ein Tiefblau zugeordnet. Die Pendeldiagnose der Chakrenaktivität bestätigt diese Annahmen von ihrer Seite. (Hier möchte ich ergänzend erwähnen, daß nach hinduistischer Überlieferung die Farben je nach Schule den Chakren unterschiedlich zugeordnet werden. Die Farbe eines Chakras wiederum kann abhängig sein vom Stand der Bewußtseinsentwicklung.)

Klang-Archetyp	hörbare Frequenz	sichtbare Frequenz	Farbe	
Merkur	141,27 Hz	482,50 nm	Blau	
Venus	221,23 Hz	616,12 nm	Gelborange	
Mars	144,72 Hz	471,00 nm	Tiefblau	
Jupiter	183,58 Hz	742,60 nm	Rot	
Saturn	147,84 Hz	461,10 nm	Tiefblau	
Uranus	207,36 Hz	658,00 nm	Orange	
Neptun	211,44 Hz	645,00 nm	Rotorange	
Pluto	140,25 Hz	486,00 nm	Blau	

Zusammenfassung und Ausblick

Wir haben eine lange und manchmal anstrengende Reise durch die kosmischen und kulturellen Dimensionen unserer Existenz hinter uns. Anhand der Klang-Archetypen haben wir ein mathematisch nachvollziehbares Instrumentarium gefunden, das uns kraftvolle therapeutische Arbeitsmittel an die Hand gibt.

Ob nun zum spielerischen Umgang, zur Bewußtseinserweiterung oder zur Heilung angewendet, der Umgang mit den Klang-Archetypen sensibilisiert uns wieder für längst verloren geglaubte Dimensionen und holt uns aus einer viele Jahrhunderte währenden Taubheit hervor. Sie schaffen so neues Urvertrauen und befreien uns aus den Fängen kollektiver Verdrängung – und es wird Zeit!

Tausende nuklearer Waffen bedrohen die Welt, die jener eines nicht festgefügten Universums mehr als vergleichbar ist. Auch heute kann ein plötzlicher Knall zum kollektiven Showdown in gleißendem Feuersturm, Hitze und nachfolgende Dunkelheit führen. Velikovskys Vorschlag zur Abwendung der Katastrophe heißt: Bewußtwerdung und Auflösung der kollektiven Verdrängung.

In diesem Sinne verstehe ich auch die Arbeit mit den Klang-Archetypen. Sie erwecken lang verdrängte Zusammenhänge und Gefühle wieder zum Leben. Sie vitalisieren uns und zeigen uns die ganze Schönheit und Stimmigkeit des irdischen Lebens in der Weite des Universums. Sie führen zu Erfahrungen tiefer Kraft, tiefen Heils und tiefen Friedens, mithin zu Erfahrungen, die dem atomaren Feuer entgegenstehen.

Werden Sie selbst aktiv! Forschen Sie, üben Sie weiter. Im nachfolgenden Praxisteil finden Sie eine Fülle von kreativen und therapeutischen Anregungen. Nutzen Sie diese, entwickeln Sie weitere.

Ich hoffe für und mit uns allen, daß diese Arbeit und Velikovskys Satz beim Verlassen eines Hörsaales Früchte trägt. Er lautete: »Die Zeiger sind vorangeschritten, und es ist schon sehr spät meine Damen und Herren, sehr spät. Ich hoffe nicht zu spät. Es liegt auch an Ihnen, was passieren wird!«

Haben Sie konkrete Einfälle oder Ideen, wie Sie diesbezüglich für sich bzw. für die Welt, in der wir leben, aktiv werden könnten?

Teil 2

Was Sie tun können

Im Praxisteil möchte ich Ihnen einfache Experimente und Methoden vorstellen, die Sie in verstärkte und somit heilende Resonanz mit den Klang-Archetypen von Erde und Mond bringen.

Empfehlenswert ist das Führen eines eigenen Erfahrungstagebuches, das über die hier im Buch zur Verfügung gestellten Zeilen hinausführt. Damit Sie auch Zeiten der persönlichen Veränderung Struktur verleihen können, ist es sehr hilfreich, wenn Sie sich gleich morgens vor Aufstehen oder direkt nach dem Aufstehen mit der Übung »Der Aufbau neuer Kraft und Hoffnung« auf den Tag einstimmen. Überlegen Sie dann, was Sie an diesem Tag erreichen möchten, nehmen Sie sich vor, ihre neue positive Energie auf die eine oder andere Weise im Alltag umzusetzen. Machen Sie sich dazu täglich Notizen. Abends beenden Sie den Tag vielleicht mit der Übung »Der Weg zu wahrer Ruhe nach einem anstrengenden Tag«. Prüfen Sie anschließend, was der Tag gebracht hat, wem Sie weitergeholfen haben, wem Sie geschadet haben, was Sie bekommen haben. Machen Sie sich auch dazu Notizen.

Neben spielerisch, kreativen Anregungen, z.B. für die Arbeit mit Kindern, finden Sie weitere meditative Übungsanregungen, eine Einführung in die heilerische Arbeit mit kosmisch gestimmten Stimmgabeln und Gongs, bezogen auf die Arbeit mit den Chakren und ausgewählten Akupunkturpunkten.

In diesem Zusammenhang beschreibe ich auch ein einfaches Diagnoseverfahren, über das Sie mit einem Pendel den energetischen Zustand eines Chakras ermitteln können. Dieser Aspekt dient der grundlegenden Orientierung des Therapeuten, denn manche Klienten haben unklare Empfindungen bezüglich des Zustandes ihrer Chakren, so daß eine verläßliche Diagnose notwendig ist.

Ganz besonders tiefgehende Wirkungen zeitigt die Arbeit mit den auf die Klang-Archetypen gestimmten Gongs. Das diesbezügliche Kapitel gibt Ihnen Anregungen zu den vielleicht großartigsten Klang-Erfahrungen innerhalb unseres musikalischen Universums.

Abschließend finden Sie noch viele Tips, wie Sie Ihre Wohnung im Ein-Klang mit den Klang-Archetypen gestalten können.

Ausdrücklich möchte ich an dieser Stelle darauf hinweisen, daß die folgenden therapeutischen Anregungen und Behandlungsvorschläge nie einen Arztbesuch ersetzen können!

Was bedeutet eigentlich Heilung?

Die ethnologische Forschung hat es an den Tag gebracht: Unsere so alltäglichen Begriffe wie Gesundheit, Krankheit und Heilung beschreiben nicht etwa absolute Zustände. Selbst innerhalb unseres Kulturkreises gibt es ganz unterschiedliche Definitionen und Ansichten dazu, ja sogar jeder einzelne hat seine Vorstellung davon. Zudem bestehen in anderen Kulturregionen völlig andere Ansichten, und exotisch anmutende Therapien führen dort zu erstaunlichen Heilerfolgen. Die Vorstellungen von dem, was Gesundheit, Krankheit oder Heilung bedeutet, sind untrennbar mit der soziokulturellen Welt verwoben. Ohne das Wissen um diesen Zusammenhang ist ein Verständnis nicht möglich. Darum möchte ich an dieser Stelle auch grundlegend auf diese Schlüsselbegriffe eingehen.

Das Wort *Gesundheit* beschreibt ein Muster aus psychosomatischen Funktionen, deren Zusammenspiel wir als harmonisch empfinden. Oder, um es mit den Worten des Experten für Psychosomatik Rüdiger Dahlkes zu sagen: »Entgleist eine Funktion, so gefährdet sie mehr oder weniger die gesamte Harmonie, und wir sprechen von Krankheit. Krankheit bedeutet also ein Verlassen einer Harmonie bzw. die In-Frage-Stellung einer bisher ausbalancierten Ordnung. Die Störung der Harmonie (...) zeigt sich lediglich im Körper. Der Körper ist somit die Darstellungs- oder Verwirklichungsebene des Bewußtseins.«[45]

Aus diesen Zusammenhängen geht hervor, daß niemals nur der Körper oder ein Organ erkrankt. Immer ist es das ganze, in seine Umwelt eingebundene Individuum, dessen Balance gestört ist. Unsere mikrokosmische Struktur steht also in dauernder Resonanz zum Makrokosmos mit seinen irdischen und planetaren Dimensionen. Wesentliche Informations- und Strukturgeber sind hier die Klang-Archetypen der Gestirne.

Wer sich selbst oder andere Menschen heilen möchte, sollte nicht nur am Symptom »herumdoktern«. Es gilt, die Gesamtzusammenhänge zu erkennen. Ein guter Heiler, also ein Mensch, der diese Zusammenhänge versteht, sollte das kulturelle »Bedeutungsgewebe« kennen (all das, was wir als normal ansehen und ohne zu hinterfragen einfach annehmen). Eine gesunde Distanz zu den alltäglichen Bedeutungsgeweben ist Voraussetzung für die Arbeit eines Heilers bzw. einer Heilerin.

Diese Distanz bringt es mit sich, daß gute Heilerinnen etwas abseits der normalen kulturellen Welt stehen. So ist es immer gewesen. Die Schamanen, die weisen Frauen, sie alle standen außerhalb des alltäglichen Lebens, wohnten oft abgelegen und lebten meist allein. Ihr Verhalten wich nur allzu oft von der Norm ab. In finsteren Zeiten war es der Anlaß für ihre Verfolgung und Auslöschung. Kennen Sie solche Mitmenschen?

Wir bringen also mit den Klang-Archetypen kosmische Impulse in die Welt der Heilung von Krankheit, der Harmonisierung von Störungen. Wir schöpfen aus uraltem Wissen, um die harmonische Grundstruktur des irdischen Lebens im kosmischen Kontext wieder herzustellen. Eine Behandlung mit den Klang-Archetypen webt den aus seinem Gleichgewicht geratenen, erkrankten Menschen in ganz grundlegende energetische Muster ein, die ihn auf kosmische Harmonien einschwingen und Zug um Zug zu einem kosmischen Gesundsein führen.

Es ist eine harmonikal-energetische Therapie, die Ver-Stimmungen wieder ein-stimmt auf den Ein-Klang mit dem Universum. Ihre Heilmittel sind die Resonanzklänge bzw. -farben der Klang-Archetypen von Erde und Mond sowie das Wissen um deren Ursache und Wirkung auf das Energiesystem des Menschen. In diesem heilenden Sinne sind auch die nachfolgenden Übungen zu verstehen. Natürlich reichen solche Aktivitäten allein nicht aus. Für unsere kundigen Vorfahren galt es nicht nur das Bewußtsein auf die erfühlten kosmischen Schwingungen einzustimmen. Die ganze Architektur, die Pflanzenkunde, die alchemistischen Wissenschaften waren von diesen Zusammenhängen durchdrungen, vom tiefen Wissen um die Worte »Wie oben, so unten«.

Die durch die Klang-Archetypentherapie bewirkte Wiederverwurzelung auf diesem Planeten und im Universum muß sich Raum schaffen, Struktur gewinnen. Verändern Sie behutsam Ihren Wohnraum, Ihre sozialen Kontakte, Ihre Arbeit, Ihre Ernährung. Alles beginnt mit dem ersten Schritt. Diesbezüglich möchte ich Ihnen noch einen Hinweis mit auf den Weg geben, der aus meiner Seminarerfahrung geboren worden ist:

Keine Frage: Die so gern zitierten Parolen der Esoterik-Szene wie »Du allein bist verantwortlich für dein Leben« oder »Alles kommt durch deine eigenen Gedanken« führt Sie mit hoher Wahrscheinlichkeit in den nächsten Selbstfindungsworkshop. Obwohl diese Sprüche eine wahren Kern beinhalten, dürfen Sie nie das kulturelle Umfeld vergessen, in das wir eingebettet sind. Damit möchte ich Ihnen verdeutlichen, daß wir nicht nur den Widerständen in uns selbst begegnen, wenn wir uns auf andere, gesündere Schwingungsebenen hinbewegen, sondern auch denen in unserer Umwelt, in der auch vieles nicht harmonisch verläuft. Auch unsere Mitmenschen sind oft Opfer dieser Umstände. Viele haben in ihren Kindertagen lebensverneinende Muster übernommen; auch sie müssen mit den zunehmend giftigeren Umwelteinflüssen leben; auch ihr Organismus ist gezwungen sich mit den Folgen von Tschernobyl sowie einer Flut von Allergenen und chemischen Schadstoffen auseinanderzusetzen. Haben Sie Mitgefühl mit Ihrer Umwelt, mit Ihren Lebensgefährten, wenn Sie zunehmend eine Kluft zwischen sich und den anderen spüren. Es ist oftmals ein Zeichen von menschlicher Größe, wenn in Zeiten solcher Veränderungen Konflikte im Lebens- und Familienumfeld gemeinsam bearbeitet werden anstatt sich unter dem Deckmantel der Selbstfindung dem Egotrip hinzugeben und sich vom Rest der Welt abzuschotten.

Fazit: Vermeiden Sie Kurzschlußhandlungen, und haben Sie Geduld mit sich und der Welt.

Klänge aktivieren verdrängte Erinnerungen

Wissenschaftlich erwiesen ist inzwischen, daß Materie nur scheinbar so starr ist, wie sie sich unseren Augen und anderen Sinnesorganen präsentiert. Alles ist Schwingung und Information. Alles kann miteinander resonieren und in Korrespondenz stehen. So können Schwingungen sich gegenseitig beeinflussen, Gestautes in Fluß bringen, Aufgewühltes dämpfen, also bestimmte Eigenschaften übertragen. Sicherlich kennen Sie aus dem Physikunterricht die Chladnischen Figuren, jene organisch anmutenden Sandfiguren auf einer Glasplatte, die entstehen, wenn wir mit einem Geigenbogen darüber streichen. Hier erfahren wir etwas ganz grundlegendes: Akustischen Schwingungen wohnen strukturierende Kräfte inne. Es wird nun deutlich, daß alles Leben durch die Klang-Archetypen geformt wird, jedoch auf einer wesentlich grund-legenderen Ebene. Klang transportiert Information, und diese kann vom Musiker vorstrukturiert werden. Beim Empfänger angekommen, werden die Klanginformationen ausgewertet. Bisher hat man kein definitives Hörzentrum im Gehirn finden können, wohl aber Tausende von Hörreizen verarbeitende Zellansammlungen, die über die gesamte Hirnrinde verteilt sind. Der Gongmusiker Jens Zygar bringt diesen Sachverhalt auf einen Punkt: »Man kann sich leicht eine unbegrenzte Vernetzung mit anderen im Gehirn stattfindenden Informationsauswertungen vorstellen, die aus verschiedensten Quellen stammen.«[46]

Klänge können also Wirkungen von ungeheurer Komplexität beinhalten, und hier liegt der Schlüssel zur therapeutischen Arbeit: Mittels geeigneter Klangarbeit lassen sich zum einen im Körper gespeicherte Erinnerungen aktivieren, zum anderen lassen sich konkrete Informationen in den Körper übertragen. Verdrängte Erinnerungen können über den gleichen Klangeindruck ausgelöst werden, der durch das Ohr das Gehirn aktiviert. Aus der Verknüpfung beider Impulse gestaltet sich unter Berücksichtigung aller dazu passender Daten eine Reaktion.[47] Insofern bieten kosmisch gestimmte Gongs, die auf unsere Klang-Archetypen gestimmt sind, ein unschätzbares Arbeitsinstrumentarium zur Bewußtmachung dieser Schwingungsfelder.

Ein Gong kann sämtliche möglichen Frequenzen und Obertonspektren innerhalb eines Klangbildes entstehen lassen. Das macht ihn zu einem besonderen Medium. Dieser Klang findet seinen Weg durch den ihm zur Verfügung gestellten Raum und kann von jedem sensiblen System wahrgenommen werden.[48]

Die Resonanzquellen zu diesem Buch

Auf den folgenden Seiten finden Sie Hör-Übungen sowie eine Fülle von meditativen Anregungen und Fantasiereisen, zum einen als allgemein gehaltene Übungsabfolgen, zum anderen zu konkreten Alltagssituationen. All diese Methoden sollen Ihnen helfen, in einen bewußt herbeigeführten Kontakt mit den Klang-Archetypen von Erde und Mond zu treten. Sie nutzen das von Hans Cousto neu erschlossene Potential der kosmischen Oktave unter Einsatz von kosmisch gestimmter Musik und Farbe.

Indem Sie sich auf die Musik oder auf die visualisierten Farben einlassen, schwingen Sie sich gemäß den Gesetzen der Resonanz auf den entsprechenden Klang-Archetyp ein und öffnen ihm wieder den zugeschütteten Weg in Ihr Inneres.

Damit Sie diesbezüglich eine optimale musikalische Übungsgrundlage haben, wurde die gleichnamige CD zum Buch produziert. Darauf finden Sie vier Musikstücke, die sich für alle Übungsabfolgen als ausgezeichneter Klangteppich eignen. Die kosmisch genauestens gestimmten Stücke heißen:

Spin Red (Erdentag)
Blue Greens (Erdenjahr)
Pendulum And Bell (platonisches Erdenjahr)
Orange Moonshine (synodischer Mond)

Tip: Wenn Sie die Repeat-Funktion Ihres CD-Players aktivieren, können Sie einzelne Stücke zu einem besonders langen Musikteppich verweben und so längere Übungssequenzen ermöglichen.

Nutzen Sie diese therapeutisch hochwirksame Musik.

Hörübungen mit Klang-Archetypen

Im Grunde gibt es zwei kosmische Wahrheiten: Klang und Nicht-Klang. Nun aber ist es so, daß der innere Klang nur durch den äußeren Klang offenbar wird. Dies also ist der Weg.

Upanishaden

»Unsere Krise kommt von den Augen«, so formulierte es Professor Joachim-Ernst Berendt in seinen Workshops. Hierin stimmte er mit dem Weisheitslehrer Osho überein, der diese Krise auf die »Kodakomanie«, die Fixierung auf das Sehen und Fotografieren, der Westeuropäer und US-Amerikaner zurückführte. Fest steht: Die Fixierung auf das Sehen unterscheidet zwischen ICH und dem Objekt. Dadurch trennen wir permanent die zugleich anwesende Einheit des Vorgangs. Dieser Weg führt nach außen. Das Hören dagegen schafft die Einheit zwischen Hörendem und schwingendem Objekt. Jener Weg führt nach innen.

Wenn wir also in Kontakt kommen möchten mit den Harmoniemustern unserer Welt, mit den Schwingungen inneren und äußeren Heils, sollten wir mit Hörübungen, mit den Klängen arbeiten. Es ist der Weg nach innen. Wie eng Hören und Meditation zusammenhängen, erklärt der bekannte Obertonmusiker Michael Vetter mit dem japanischen Wort Seshin, und meint eine lange und intensive Sitzmeditation. Im japanischen besteht Seshin aus einer Kombination von fünf Schriftzeichen: drei davon bedeuten Ohr, eine Hand und eine Herz. Jeder Japaner, der dieses Schriftzeichen sieht, liest den Zusammenhang gleich mit: Hören, hören, hören! Mit Hand und mit Herz![49]

Eine grundlegende Hör-Übung ist an sich schon eine heilsame Meditation. Geradezu ideal für die Meditation auf die Klang-Archetypen ist die CD zum Buch sowie die CDs *Urtöne 1–3* (Bezugsquelle siehe S. 186) von J.-E. Berendt. Die CD *Klänge des Lebens* wurde in tiefer Meditation auf die jeweiligen Klang-Archetypen mit modernster Synthesizer-Technologie eingespielt. Dabei haben der Musiker Steve Schroyder und ich bewußt weiche Klangmuster gewebt, die den Hörer tragen. Im Unterschied zur CD *Klänge des Lebens* sind die *Urtöne*-CDs mit jeweils drei kosmisch gestimmten Monochorden, sogenannten Sandawas, aufgenommen worden.

Jeweils 39 Saiten sind auf den jeweiligen Klang-Archetyp gestimmt, und beim Anschlagen der Saiten erklingen neben dem eigentlichen Ton ganze »Regenschauer« von Obertönen, die sich gegenseitig brechend, abschwächend, verstärkend.

Wie können wir diese Klangquellen für bewußseinserweiternde Hörübungen nutzen? Joachim-Ernst Berendt hat es auf den Punkt gebracht: Die Urtöne meditieren heißt sie mit äußerster Wachheit zu hören. Insofern empfiehlt es sich, mit solchen Übungen den praktischen Weg zu begehen. Eine Aufnahme zu einem Klang-Archetyp dauert auf der CD zum Buch rund 15 Minuten, und auf den Urtöne-CDs genau 30 Minuten. Wenn Sie jeweils eine Aufnahme pro Tag hören, werden Sie schnell Fortschritte im Hören machen.

Wenn Sie die CD *Klänge des Lebens* benutzen, so hören Sie sich durch die einzelnen Stücke in der folgenden Reihenfolge an: Spin Red, Orange Moonshine, Blue Greens, Pendulum And Bell.

Hör-meditieren Sie pro Woche jeweils einen Klang-Archetyp. Lauschen Sie den Klängen der Musik, tauchen Sie tief in den Ozean der Klänge ein. Lassen Sie die Musik durch sich hindurchströmen und summen oder singen Sie den Grundton einfach mit.

Wenn Sie lieber mit der CD *Urtöne 1* beginnen möchten, meditieren Sie vielleicht in der ersten Woche den Erdentag, in der zweiten Woche das Erdenjahr (Berendt nennt diesen Klang-Archetyp Sonnenton), in der dritten Woche meditieren Sie den synodischen Mondumlauf, und in der vierten Woche den Zusammenklang von synodischem Mondumlauf und Erdenjahr (Berendt nennt ihn den Shiva-Shakti-Klang). Erinnern wir uns: Beide Töne zusammen spiegeln exakt die Vorgänge in unserem Nervensystem auf dem Weg zu einer entspannten, meditativen Stimmung.

Ich empfehle Ihnen, die Meditationen im Sitzen durchzuführen, da im Liegen die Wahrnehmungen zu schnell ins Reich der Träume abtrudeln. Nach einigen Minuten fangen Sie an den gehörten Ton zu singen. Werden Sie auf diese Weise eins mit dem Klang, resonieren Sie durch und durch auf den entsprechenden Klang-Archetyp.

Solch ein Übungsablauf ist ebenso einfach wie genial. Nach diesen vier Wochen sind Sie bereits ein im Hören der Welt fortgeschrittener Mensch, und Sie haben mit Sicherheit ein geschultes Ohr für die Klang-Archetypen.

Ein weiteres Highlight auf dem Weg zum hörenden Menschen ist die CD *Overtones. Voice & Tambura* von Michael Vetter. Auf zwei etwa 20 Minuten langen Aufnahmen hören Sie eine atemberaubende musikalische Meditation des heiligen OM, gesungen mit der Technik des Obertongesangs und begleitet von den archaischen Klängen der Tambura.

Sollten Sie dann im Hören-nach-Innen noch weiter fortgeschritten sein, empfehle ich Ihnen die CDs *Gongs* von Jens Zygar und *Geburt der Elemente* von Barbara Ostertag und Wolfgang Gleixner. Sie bieten Klangreisen zu den inneren hellen und dunklen Räumen, zu den Qualitäten der Zeit und den Kräften der Erde. Auch diese CDs stehen komplett im Ein-Klang mit den Klang-Archetypen.

Ich wünsche Ihnen erfüllende Erfahrungen im Ozean der Töne.

Meditationsanregungen zu den Klang-Archetypen

Allgemeine Übungsabfolgen

Glückseligkeit ist dein eigenes Wesen,
dein eigenes Selbst – jenes Selbst, das die größte Kostbarkeit des Lebens ist.
Hazrath Inayat Khan

Meditationsabfolgen zum Thema Klang-Archetypen sind vielfältig gestaltbar. Ihrer Fantasie sind eigentlich keine Grenzen gesetzt. Benutzen Sie die Klangfarben als Vehikel, um bewußt in Resonanz mit dem Klang-Archetyp zu kommen. Im folgenden Abschnitt möchte ich Sie mit Anregungen zur Selbsterfahrung oder Meditation sowie deren Gestaltung einladen. Sehr gute Erfolge lassen sich mit Fantasiereisen erzielen.

Was ist eine Fantasiereise überhaupt? Fantasiereisen nenne ich in meiner Arbeit geführte Meditationen in Gestalt von märchenhaften Erzählungen, die in einem Umfeld der Entspannung durchgeführt werden. Die therapeutische Wirksamkeit ist trefflich von Else Müller belegt worden. Ihre angeleiteten Fantasie- und Märchenreisen sind in der therapeutischen Szene allgemein bekannt.

Ich habe die Texte für die Visualisierung bausteinartig angelegt, nicht zu detailliert, damit Sie die Szenerie mit Hilfe Ihrer Fantasie an Ihre Seelenlandschaft anpassen können. Es ist von Vorteil, wenn Sie mit einer vertrauten Person zusammenarbeiten können, die Ihnen den Text vorliest. Sie können ihn aber auch auf Band sprechen. Sorgen Sie dafür, daß Sie etwa 30 Minuten lang nicht gestört werden.

Dämpfen Sie das Licht, zünden Sie vielleicht eine Kerze an, oder bereiten Sie sich auf andere schöne Weise auf die Fantasiereise vor. Vielleicht kochen Sie gemeinsam einen wohltuenden Tee, oder Sie ziehen ein besonderes Gewand an?

Solche kultischen Hilfsmittel sind sehr alt und dienen stets der Einstimmung auf eine andere Wirklichkeit als jene des Alltags, die wir gewöhnlich in uns tragen. Lassen wir meine Kursteilnehmerin

Elaine berichten, wie sie diese Klippe des sich Umstellens und Einschwingens bewältigt.

Elaine: »Ich habe wenig Zeit für mich, die Familie spannt mich voll ein, eigentlich gar keine Zeit, höchstens zwischen zehn und elf Uhr morgens. Früh habe ich dann begriffen, daß ich es nie schaffen werde, wenn ich nicht anfange, mir Zeit zu nehmen. Vielleicht hat mich das *Wohlfühlbuch für Frauen* [50], das ich zum Geburtstag geschenkt bekam, ermuntert, mir das Recht zu nehmen ...

Ich dusche dienstags immer erst um zehn Uhr, nachdem Larissa im Kindergarten und ich wieder mit einigen Einkäufen daheim bin. Beim Duschen wasche ich alle meine Alltagsgedanken bewußt ab.

Danach ziehe ich ein langes T-Shirt in einer besonderen Farbe an. Wenn Miriam, meine beste Freundin dann kommt, zünde ich eine Duftkerze an. Wir trinken einen schönen Tee und beginnen danach. Ich lege mich aufs Bett. Den Schlafraum habe ich vorher gut gelüftet. Miriam beginnt dann die Fantasiereise zu erzählen. Eine Woche später tauschen wir die Rollen. Wir improvisieren ständig, und die Geschichten werden immer ein bißchen anders.«

Überlegen Sie sich, wie auch Sie so eine wunderbare Nische finden können, wie Elaine sie für sich erobert hat.

Ich möchte Sie auch dazu ermuntern, die Übungsfolgen durch Malen eines Kreisbildes, auch Mandala genannt, zu beenden. Das Sanskrit-Wort Mandala wurde bereits von C.G. Jung benutzt, um die Kreisbilder zu beschreiben, die seine Patienten gemalt hatten.

Jung betrachtete die gemalten Mandalas als die Ahnung eines Persönlichkeitszentrums der Seele, auf das alles bezogen und hingeordnet ist. Insofern helfen uns diese Bilder bei der bewußten Entfaltung unseres kosmisch gestimmten Persönlichkeitszentrums. Benutzen Sie dazu Ihre kosmisch gestimmten Bunt- oder Filzstifte, und lassen Sie sich von Ihren inneren Eingebungen leiten. Malen Sie die Kreisformen aus, die Sie im Anschluß an die Übungen finden.

Sollten Sie von dieser Idee genauso begeistert sein wie meine Seminarteilnehmer, so fertigen Sie sich eigene Mandala-Vorlagen an und benutzen einfach einen schlichten Kreis – dieses uralte Symbol der Ganzheit auf der Welt.

Erdentag 1: Fantasiereise zum heilsamen Feuer der Erde

Verwenden Sie als musikalischen Background zu den Erdentag-Übungen das Stück »Spin Red« von der CD *Klänge des Lebens*.

Zur Einstimmung legen Sie sich möglichst bequem hin. Schließen Sie die Augen, und atmen Sie bewußt tief ein und aus, ein und aus ...

Sie atmen die Ruhe ein, die Anspannung aus, die Ruhe ein, den Streß aus ...

Spüren Sie Ihren Körper von Kopf bis Fuß, atmen Sie in Gedanken durch den Kopf ein, durch die Füße aus, durch die Füße ein, durch den Kopf aus. Spüren Sie, wie Sie warm und schwer werden.

Als Fantasiereisetext verwenden Sie die folgenden Zeilen (vorlesen lassen oder auf Band sprechen):

Stell dir vor, wie du durch einen lichten Herbstwald wanderst, rote Blätter fallen von den Bäumen und rascheln unter deinen Füßen. Du folgst dem Weg zu einem alten, runden Turm aus Steinen, der große lichte Fensteröffnungen und eine hohe Tür mit Spitzbogen hat.

Du öffnest diese Tür und siehst die vertrauten Räumlichkeiten vor dir, den runden, vom lichten Herbstlicht durchfluteten Raum, die Fenster hoch über dir, die alte Treppe in der Mitte des Turmes.

Du nimmst dir Zeit und schreitest auf die Treppe zu. Sie ist aus gehauenen Felsgestein, alt und unzerstörbar fest. Leichten Schrittes beginnst du mit dem Abstieg.

Dein Weg führt in das Reich der Erde. Du spürst ihren schweren und wohltuenden kühlen Duft in der Nase, mit den Händen kannst du ihre feuchte und lebensspendende Konsistenz an den irdenen Wänden fassen und fühlen.

Von unten spürst du wohlige Wärme aufsteigen, die mit jedem Schritt in die Tiefe angenehmer wird. Das Tageslicht ist längst nicht mehr zu sehen, aber es ist nicht dunkel, im Gegenteil: Ein warmes tiefrotes Licht liegt im Raum, das aus der Tiefe kommt. Es scheint hier direkt in der Tiefe des Erdreichs zu Hause zu sein und an den Wurzeln der kraftvollen Bäume des Waldes zu scheinen.

Das Licht durchflutet dich mehr und mehr, warme rote Lichtströme durchströmen dich und von irgendwo ertönt kraftvolle, feine Musik. Was ist es für eine Musik, kannst du sie hören, hier in der Tiefe der Erde?

Du schreitest beschwingt von Licht und behütet vom Klang weiter in die Tiefe, nach einer Weile endet die Treppe, und du stehst in einem runden Raum mit warmen lehmbraunen Wänden und irdenem Boden.

In der Mitte des Bodens siehst du die Quelle des roten Lichtes und der Wärme in Gestalt einer wundervollen strömenden Kugel aus glänzendem Material. Die Kugel schwebt dicht über dem Erdboden und kreist langsam und kraftvoll um sich selbst.

Du setzt dich im Schneidersitz auf den Boden vor die Kugel. Ein tiefes alles durchdringendes Summen und Strömen erfüllt den Raum, durchdringt dich durch und durch und erfüllt dich mit friedlicher Wärme und strömender, ruhiger Kraft, die von unten durch deinen Körper in die Wirbelsäule aufsteigt.

Plötzlich wirst du einer kleineren ebenso strömenden Kugel in dir gewahr, die am unteren Ende des Steißbeines in dir zu pulsieren beginnt.

Ganz langsam spürst du, wie sie wie aus langem Schlaf erwacht und sich vereint mit der großen Kugel im Raum zu drehen beginnt. Sie verströmt verschwenderisch ihr tiefrotes Licht, und prickelnde, strömende Energien durchfluten dich auf das angenehmste.

Während du hier sitzt und deiner strömenden Energiekugel gewahr bist, erkennst du das uralte und einfache Geheimnis der schöpferischen Kraft der Erde, die durch Licht und Klang dich erfüllt, indem in jedem Lebewesen ein ihr entsprechendes Energiezentrum lebt.

Das rote Licht erfüllt deine Adern, dein Blut und versorgt dich mit lebensnotwendigen Energien bis in die letzte Zelle und bestimmt über dein Wachstum und deine Gesundheit.

Alle Pflanzen und Tiere alle Menschen werden von dieser Quelle gespeist und gelenkt, und du erkennst: Wir alle sind Kinder der Erde, Teile dieses Planeten, untrennbar mit ihm verbunden und genährt von der unendlich kraftvollen Energie seines riesigen Körpers.

Du verweilst hier so lange, wie du möchtest.

Dann sammelst du dich, verabschiedest dich von diesem Ort und schreitest gekräftigt und gestärkt die Stufen hinauf in die vom Tageslicht durchfluteten Bereiche des Turmes.

Du verläßt den Turm und spürst die in dir strömende rote Kugel, schreitest durch den Wald nach Hause, während die roten Energieströme dich durchfluten.

Kehre nun wieder in den Alltag zurück. Spüre dich im Bett liegen, atme tief durch, ein und aus, atme ein und aus, recke dich und strecke dich.

Verweile noch einen Moment, bevor du wieder in

den Alltag schreitest, und nimm die Wahrnehmung der roten Energiekugel in deinem Körper mit.

Vielleicht möchten Sie auch zu dieser Übung einige Notizen oder Erlebnisse aufschreiben:

Elaine berichtet dazu: »Für mich ist diese Übung eine Wohltat gewesen. Nach wenigen Wochen fühlte ich mich nicht mehr so kalt, und ich spüre mehr als vorher meine Wurzeln in der Erde.«

Paul: »Nach dieser Übung fühle ich mich immer total kribbelig und kann nicht ruhig sitzen, ich spüre diese ungeheure Energie in mir und das lebendige Leben. Wenn ich aus dem Büro komme, fühle ich mich dagegen total leer. Ich will diese Übung demnächst machen, wenn ich von der Arbeit nach Hause komme.«

Hedwig: »Gerade als ich mit dieser Übung beschäftigt war, fiel mir ein, wie fürchterlich wir mit unserem Planeten umgehen. Ich hatte wenige Stunden vorher einen Eimer mit Farbresten ganz still und leise im Garten verbuddelt. Frag mich warum. Jetzt habe ich gespürt, daß ich dies total unbewußt gemacht habe, unbewußt, irgendwie taub für die Erde und zugleich taub für mich selbst.«

Elmar: »Rot ist für mich eher ein rotes Tuch, ich bin eh ein eher nervöser Mensch, und dann drehe ich allein schon bei roter Farbe fast am Rad. Allerdings merke ich auch, welch ungeheure ruhige Kraft in diesem Rot liegen kann. Das habe ich bisher noch gar nicht wahrgenommen.«

Erdentag 2: Bausteine für ein rotes Erd-Ritual

Eine Meditation auf den Klang-Archetyp des Erdentages kann ungeheuer dynamisierend wirken. Denken Sie an die feuerrote Farbe und an das sprichwörtliche rote Tuch. Sollten Sie in einer extrem explosiven Stimmung sein, verschieben Sie diese

Meditation! Beschäftigen Sie sich dann lieber mit dem Klang-Archetyp des Erdenjahres.

Überlegen Sie sich ansonsten, wie Sie Ihr Umfeld gestalten können. Nehmen Sie sich einen festen Zeitpunkt vor. Vielleicht erklären Sie jeden ersten Samstag im Monat zum Tag des Erdentages. Reservieren Sie sich dafür ein bis zwei Stunden. Hier einige Vorschläge zur Gestaltung:

Vielleicht haben Sie eine Klangschale oder gar einen Gong, der auf den Erdentag gestimmt ist. Mit solchen Klangquellen läßt es sich besonders morgens zur Energetisierung des Körpers hervorragend arbeiten. Sie können auch das Stück »Spin Red« von der CD *Klänge des Lebens* auflegen.

Lauschen Sie den Klängen, und atmen Sie diese in Ihr Wurzel-Chakra ein und wieder aus.

So eingestimmt sind Sie bestens empfangsbereit für die Schwingungen der Erde. Massieren Sie Ihr Wurzel-Chakra mit einer duftenden Mischung aus einem Tropfen Nelkenöl und zwei Esslöffeln Jojoba-Öl durch sanftes Kreisen.

Zünden Sie eine Duftlampe an, die ebenfalls den energetisierenden Duft der Nelke in den Raum trägt.

Ziehen Sie ganz bewußt ein rotes Gewand an, z.B. ein rotes Hemd. Spüren Sie, wie die roten Energien um Sie zu kreisen beginnen. Nehmen Sie Kontakt mit dem Klang-Archetyp des Erdentages auf. Verwenden Sie folgenden Fantasiereisetext:

Atme tief durch, atme die roten Schwingungen durch deine Haut ein und aus. Spüre nach, wie ein warmes Pulsieren in deinem Wurzel-Chakra beginnt.

Atme durch das Chakra bewußt ein und aus, und spüre, wie langsam eine feine erwärmende rote Energie aufzusteigen beginnt und dich durch und durch erfüllt, durch die feinsten Adern bis in die äußersten Zellen hinein. Spüre diesen Energieströmen in den nächsten Minuten nach. Atme weiterhin das rote Licht ein und aus, und spüre nach, was sich tut.

Steh mit etwa 30 Zentimeter Fußabstand, die Zehen sind etwas nach innen gerichtet. Beuge dich nach vorn, und berühre mit den Fingern beider Hände den Boden. Die Knie sind leicht gebeugt, und das Gewicht ruht voll auf den Füßen. Atme tief ein und aus.[51]

Verlagere dein Gewicht auf die Fußballen. Richte deine Knie langsam auf, dehne die langen Oberschenkelmuskeln dabei. Halte die Stellung etwa eine Minute lang.

Spüre das feine und stärker werdende Vibrieren, das von unten durch die Beine zu strömen beginnt. Sind es weiche oder eher ruckartige Bewegungen? Spüre, daß diese Strömungen von deinem Bodenkontakt zur Erde abhängig sind. Atme diese Vibrationen durch dein Wurzel-Chakra ein und aus. Laß sie in alle Zellen deines Körpers fließen.

Wenn du genug Erd-Energie getankt hast, beende diese Übung. Bewege dich nun so, wie es aus dir gerade herauskommt.

Tanze einen wilden »roten« Ausdruckstanz, stampfe mit den Füßen, und tauche tief in die Resonanzfelder im Raum ein. Spüre dabei die Energien der Erde, wie sie dich tragen und mit lebensnotwendiger Kraft versorgen. Genieße diese Kräfte. Genieße dich und deine Kraft.

Genieße diese unversiegbare Energieflut, die dich mit den nötigen Wachstums- und Heilungsenergien versorgt. Denke daran, daß sie deine Zellen zu neuem und schnellem Wachstum anregt, wenn du körperliche Verletzungen davongetragen hast.

Denke auch daran, daß du in Zeiten der Erholung, z.B. nach einer schweren Grippe, auf diese Weise neue Wachstumsenergie in den Körper leiten kannst.

Mach dir noch einmal bewußt, daß diese irdischen Energien immer da sind, auch wenn du sie gerade einmal nicht wahrnehmen kannst.

Verabschiede dich schließlich mit diesen Gedanken vom Klang-Archetyp des Erdentages, und finde wieder zu dir und zu deiner Alltagswelt zurück.

Haben Sie die kraftvollen Resonanzen unseres Heimatplaneten in sich gespürt? Welche Eindrücke haben Sie gehabt? Welche Bilder sind in Ihnen aufgestiegen?

Auf der nächsten Seite ist Platz für Ihr Mandala des Erdentages. Lassen Sie sich Zeit beim Malen!

Malen Sie Ihr Mandala des Erdentages …

Erdenjahr 1: Fantasiereise zum leuchtenden Sommergrün

Verwenden Sie als musikalischen Background zu den Erdenjahr-Übungen das Stück »Blue Greens« von der CD *Klänge des Lebens*, der einen wunderschönen, auf Cis gewebten Klangteppich schafft.

Zur Einstimmung legen Sie sich möglichst bequem hin. Schließen Sie die Augen, und atmen Sie bewußt tief ein und aus, ein und aus ...

Sie atmen die Ruhe ein, die Anspannung aus, die Ruhe ein, den Streß aus ...

Spüren Sie Ihren Körper von Kopf bis Fuß, atmen Sie in Gedanken durch den Kopf ein, durch die Füße aus, durch die Füße ein, durch den Kopf aus. Spüren Sie, wie Sie warm und schwer werden.

Als Fantasiereisetext verwenden Sie die folgenden Zeilen (vorlesen lassen oder auf Band sprechen):

Stell dir vor, wie du durch einen strahlenden, frisch ergrünten Frühlingswald wanderst. Es duftet wunderbar nach Frühling und Erneuerung, und voller Lebenslust und Kraft recken sich kleine und große Pflanzen der wieder warmen Sonne entgegen.

Du wendest den Blick in die frisch-grünen Kronen der Bäume, und du ahnst die Sonne über ihnen.

Nun stellst du dir vor, daß du dieses grüne Licht und diese frische klare Luft direkt in dein Herz-Chakra hineinatmest. Auf diese Weise atmest du frische Energien ein, und im gleichen Atemzug atmest du die verbrauchten und erstarrten alten Energien aus.

Du kannst dabei zusehen, wie diese dunklen Schwaden in das strahlende grüne Licht aufsteigen, durcheinandergewirbelt werden und vergehen.

Mit jedem Atemzug spürst du einen tieferen Frieden in dir. Alles stimmt heute, und es ist ein schöner Tag, es ist dein ganz persönlicher Tag.

Mit leichtem Schritt gehst du weiter durch die leuchtende Natur, und mit jedem Schritt spürst du tieferen Frieden und tiefere Ruhe in dir.

Nun kommst du aus dem Wald hinaus auf eine frische grüne Wiese. Sie ist übersät mit herrlich leuchtenden Frühlingsblumen. Du atmest auch dieses Licht tief in dein Herz-Chakra hinein.

Du beschließt nun, dich in das warme Gras zu legen. Spüre nun in dein Herz-Chakra. Spüre den rotierenden Energiestrudel rechts neben deinem Herzen in der Mitte der Brust. Welche Farbe hat er?

Dieses Chakra erscheint nun in ganz unterschiedlichen Farben vor dem inneren Auge. Was siehst du? Wie ist deine Farbe? Merkst du auch, wie diese Farbe intensiver in dich hineinströmt, wenn du grünes Licht hineinatmest? Spüre die nächsten Minuten, solange du magst, diesem Energiestrudel nach, entdecke ihn neu, und spüre diesen ungeheuer tiefen Frieden, der in dir mehr und mehr Raum einnimmt.

Du spürst die ruhige Liebe der Schöpfung in ihrem Spiel aus Werden und Vergehen, die tiefe Gewißheit und Ruhe hinter diesem oft so hektischen Leben.

Die Ruhe ist auch in dir. Nach einer Weile, die du selbst bestimmst, erhebst du dich und gehst mit langsamen und ruhigen Schritten in den nahen Frühlingswald zurück. Der Boden ist bedeckt mit kleinen weißen und gelben Blumen, kleine Kronen auf leuchtendgrünen Blättern.

Du gehst zurück zu der Stelle, wo du losgegangen bist, und nimmst dir alle Zeit der Welt, um in deinen Körperleib zurückzukehren und langsam wieder ins Hier und Jetzt zurückzuschreiten. Erinnere dich auch in der nächsten Zeit an dein Herz-Chakra, an den Ort des tiefen Friedens in dir.

Wie haben Sie diese Übung erlebt?

____

____

____

Petra berichtet: »Ich habe nach kurzer Zeit angefangen zu weinen, und eigentlich schmerzt jetzt mein ganzer Brustkorb. Das mag daran liegen, daß ich seit Wochen eine heftige Bronchitis hatte, die immer noch nicht ganz weg ist. Die Bilder haben mir gerade im Herzbereich unglaublich gut getan, eigentlich zu gut, um wahr zu sein.«

Günther: »Toll, diese Übung hat mich jetzt doch noch voll aus dem Kundengespräch vorhin geholt. Jetzt fühle ich mich wieder bei mir selbst. Übrigens habe ich mein Herz-Chakra in goldenen Farben gesehen.

Sophie: »Bei mir war dieses Zentrum eher rosa. Das kann aber auch daran liegen, daß ich erst neulich in einer Zeitschrift gelesen habe, daß es schlicht rosa sei. Es war aber für mich zugleich stimmig.«

Erdenjahr 2: Bausteine für eine Herz-Meditation

Wenn Sie dem Klang-Archetyp des Erdenjahres begegnen, so öffnen Sie sich dem Licht der Seele, und ebenso licht sollte auch diese Meditation verlaufen. Hier sind einige Vorschläge:

Schaffen Sie sich einen wunderbaren Klangteppich durch eine geeignete Musik, die auf den Jahreston gestimmt ist. Verwenden Sie »Blue Greens« von der CD *Klänge des Lebens.*

Zünden Sie eine Duftlampe mit wohltuendem Rosenöl an. Der ganze Raum wird verzaubert.

Vielleicht lassen Sie sich auch eine »Herzsalbe« mischen, die sich aus neutraler Salbengrundlage und einigen Tropfen kostbarem Rosenöl zusammensetzt. Massieren Sie etwas davon auf Ihre Brust im Bereich des Herz-Chakras ein.

Atmen Sie die Düfte und Klänge durch Ihr Herz-Chakra ein und aus, und spüren Sie, wie eine angenehme, immer tiefer werdende Ruhe von Ihnen Besitz ergreift.

Spüre, wie die Energien zu fließen beginnen. Laß alles, was da ist, kommen und gehen, kommen und gehen ... Lege deine Hände auf dein Herz-Chakra, spüre es, atme dort ein und aus. Spüre, wie sich dieses Energiezentrum belebt, wie es in sanften Wellen zu kreisen beginnt.

Hast du Lust zu singen?

Singe bei jedem Ausatmen die heilige Silbe OM auf den Grundton der Musik, singe ihn so, wie er sich Gestalt in dir bahnt, versuche, die Resonanz in deinem Brustbereich zu spüren. Solltest du im Oberton singen geübt sein, versuche, das OM mit einem Regen von Obertönen zu singen, die sich wie strahlende Lichttropfen im Reich deiner Seele verteilen.

Gefühle kommen, Gefühle gehen, sie schweben gleich Wolken am blauen Himmel dahin, und du beobachtst sie auf ihrem Weg. Löse dich langsam von den Belangen des Alltags.

Atme weiter in das Herz-Chakra hinein und wieder hinaus. Laß tiefgrünes Licht und Farbe kommen und gehen. Spüre, wie aus dem Wechselspiel ein zartes inneres Leuchten in dir erwächst.

Ganz langsam steigt ein Gefühl tiefer Freude und tiefer Verbundenheit mit der Welt in dir auf. Spüre die Verbundenheit mit allen Dingen um dich herum.

Verbleibe bei dieser Aufmerksamkeit, solange du es wünschst. Spüre, daß in dir ein lichter Raum ohne äußere Begrenzung existiert. Es ist der Raum der Seele. Spüre auch, daß dieser Raum voller Licht und Anmut sein kann. Schau bewußt hin.

Es mag sein, daß Schmerz und Trauer diese lichten Welten verdunkeln, aber betrachte die Dunkelheit als Regenwolken, die den Blick auf das Sonnenlicht versperren.

Sei dir sicher: Hinter den dunklen Wolken ist das Licht. Ohne die Erfahrung dieses inneren Lichtes wüßten wir gar nicht, was innere Dunkelheit ist.

Sei dir auch sicher, daß dieses Licht in unendlicher Fülle vorhanden ist. Es ist hier, seit das Leben auf der Erde wohnt, und es wird nie verlöschen, solange es Leben gibt. Wir können es nur verdunkeln.

Spüre diesen Gedanken nach, und fühle die tiefe Wahrheit, die in dir verborgen liegt.

Wenn du es für richtig hältst und erfüllt von tiefem Frieden und tiefer Freude bist, kehre langsam in deinen Alltag zurück. Spüre den Körper wieder. Fühlt er sich jetzt anders an? Recke und strecke dich.

Laß die Schwingungen des Erdenjahres mit deinem inneren Licht in dir weiterschwingen. Vielleicht singst du zum Ausklang noch einmal die heilige Silbe OM. Trage die lichtvollen Schwingungen in den Alltag hinein, und strahle das Licht in die Welt in deiner Umgebung.

Wenn du Freude daran hast, mal doch gleich ein herzliches Mandala (Vorlage S. 105)!

Haben Sie die leuchtenden Resonanzen unseres Heimatplaneten in Ihrer Seele gespürt? Welche Eindrücke haben Sie gehabt? Welche Bilder sind in Ihnen aufgestiegen?

____

____

____

____

____

Platonisches Erdenjahr 1: Fantasiereise zu den Quellen der Weisheit

Verwenden Sie als musikalischen Background zu den Erdenjahr-Übungen des platonischen Jahres das Stück »Pendulum And Bell« von der CD *Klänge des Lebens.*

Zur Einstimmung legen Sie sich möglichst bequem hin. Schließen Sie die Augen, und atmen Sie bewußt tief ein und aus, ein und aus ...

Sie atmen die Ruhe ein, die Anspannung aus, die Ruhe ein, den Streß aus ...

Spüren Sie Ihren Körper von Kopf bis Fuß, atmen Sie in Gedanken durch den Kopf ein, durch die Füße aus, durch die Füße ein, durch den Kopf aus. Spüren Sie, wie Sie warm und schwer werden.

Als Fantasiereisetext verwenden Sie die folgenden Zeilen (vorlesen lassen oder auf Band sprechen):

Erinnere dich an einen Tag, an dem du dich wunderbar zufrieden und erfüllt gefühlt hast. Alles hat gestimmt an diesem Tage, an dem du voll in die vielfarbige Geschäftigkeit der Welt eingetaucht warst.

Und nun kommt der Abend, und das Licht der

Malen Sie ein herz-liches Mandala ...

Sonne beginnt hinter dem Horizont zu versinken. Du hast deine Dinge verrichtet, es gibt nichts mehr zu tun.

Genau zu diesem Zeitpunkt verläßt du deine Wohnstatt und wanderst in das aufkommende Dunkel hinaus.

Der Himmel über dir hat diese einmalige Farbenvielfalt angenommen, dieses Zusammenfließen von violetten, purpurroten und letzten winzigen orangefarbenen Lichtströmen, die noch von der Sonne künden und sich vor dem immer dunkler werdenden Blau des Himmels bewegen.

Du spürst, wie diese violetten Lichtströme von oben auf dich herabzuregnen beginnen.

Während du in diesem sanften Lichtregen weiterschreitest, spürst du, daß jetzt eine anmutige Heiterkeit von dir Besitz ergreift. Die Welt des Alltages erscheint dir wie ein magisches Spielbrett, auf dem sich eine bunte und kuriose Vielfalt von Figuren bewegt, eingetaucht in Ströme aus weißem und violettem Licht, die einen Lichtstrom ohne Zeit, einen Lichtstrom ohne Grenzen bilden.

In diesem Lichtstrom ist alles eins, Teil eines ganz einfachen Spiels, das auf dem Spielbrett der absoluten Zeitlosigkeit und Ewigkeit in immer neuen Varianten gespielt wird.

Du schreitest in dir ruhend immer weiter in den Abend, am Ufer des Flusses entlang, und schaust eine Weile dem Strömen seiner Wasserfluten zu.

Weiter und weiter regnet dieses sanfte Licht auf dich herab, und du fühlst ein sanftes Strömen in deinem Scheitel-Chakra. Spüre der Energie nach, die durch deinen Körper hinabläuft, vom Himmel zur Erde.

Spüre die Schwingung dieses kostbaren Lichtes. Hier bist du zu Hause. Hier in der Stille und der Fülle der sphärischen Musik.

Hier findest du den Anfang und das Ende, mehr gibt es nicht zu sagen. Hier ist das Ziel aller Wege und der Beginn aller Wege

Spüre in diese Farben und Gedanken hinein und lasse sie eine Weile auf dich wirken. Spüre, wie dich diese Energien durchdringen und wie diese zeitlose tiefe Wahrheit dich durch und durch erfüllt. Spüre die Stille, solange du magst.

Richte nun deine Gedanken wieder auf das Spielbrett der Alltagswelt aus, und mache dich auf den Rückweg. Es ist nun Nacht geworden. Sie umhüllt dich mit ihrer vordergründigen Stille und dem Klingen der Sterne am Himmel und der Töne der Erde.

Langsam schreitest du wieder zurück zu deinem Haus. Du siehst es am Ende des kaum noch zu erkennenden Weges auftauchen. Warmes Kerzenlicht scheint durch die Fensterscheiben nach draußen.

Erfüllt von dem strahlenden weißen und violetten Licht, betrittst du das Haus und kommst Schritt für Schritt in die Welt der Polaritäten, in die Welt *der Vielfalt zurück. Sei dir der Einheit hinter den Gegensätzen und des tiefen Friedens bewußt. Tiefer Friede erfüllt dich und dein ganzes Wesen, und du gehörst zu denen, die in die tiefen Zusammenhänge eingeweiht sind.*

Du bist ein wissender Mensch!

Vielleicht möchten Sie auch hier Ihre Erlebnisse aufschreiben:

Elaine berichtet dazu: »Anfangs hatte ich nicht den geringsten Kontakt zu diesen Schwingungen. Erst in der Mitte der Übung habe ich diesen Frieden gespürt, der sich in mir breit machte. Anfangs hatte ich innerlich mehr damit zu tun, das Entgleiten des orangen Lichts zu bewältigen. Es ist das alte Spiel: Ich kann nichts loslassen, habe Angst davor. Aber die violette Ruhe ist schon verführerisch.«

Bernd: »Toll, ich bin so seltsam wach geworden, obwohl ich müde bin. Sagen wir wohlig wach. Aber schon jetzt erscheint mir diese violette Stimmung bloße Fiktion, und obwohl sie eigentlich so nah ist, empfinde ich sie meilenweit weg, unerreichbar weit weg und irgendwie lächerlich unwichtig. Ich beginne einen Irrtum zu erkennen.«

Platonisches Erdenjahr 2: Eine tiefviolette Meditation

Diese Übungsanleitung basiert auf einer Reise durch die Chakren, von der Wurzel bis zum Scheitel. Erst die bewußte Reise dorthin schafft die wirklich optimale Basis für die Öffnung des Scheitel-Chakras. Wir berücksichtigen nur die Chakren, die mit unseren Klang-Archetypen der Erde in Resonanz stehen. Dieses Vorgehen hat sich tatsächlich bestens bewährt, und das Weglassen von vier

Hauptchakren erweist sich für diese Übung nicht als Manko.

Sorgen Sie dafür, daß eine besonders feierliche Stimmung im Raume entsteht. Zünden Sie einige violette und weiße Kerzen an, und reinigen Sie die Raumluft mit Weihrauch – wenn Sie den Duft mögen. Vielleicht schalten Sie ein violettes Licht ein. (Dafür gibt es die üblichen Color-Glühbirnen im Handel.)

Legen Sie eine die Stille fördernde CD auf, beispielsweise das Stück »Pendulum And Bell« von der CD *Klänge des Lebens.*

Leg dich nun hin, und entspann dich Atemzug um Atemzug. Mit jedem Einatmen tankst du innere Ruhe und Weite, mit jedem Ausatmen läßt du Konfusion und Aufruhr hinter dir.

Laß mit dem Atem, alles was ist, kommen und gehen. Schaue dem Atem in seinem Kommen und Gehen zu.

Entdecke, daß du dich in deiner Aufmerksamkeit mit dem Atem verbinden kannst, obwohl du nicht der Atem bist. Er kommt, und er geht. Du bist der ewige Beobachter.

Lenke die Aufmerksamkeit nun zu deinem Wurzel-Chakra. Stell dir dort ein feuerrotes kreisendes Licht vor. Dort resoniert der Erdentag mit all seiner Kraft, und warme Energiewogen steigen auf bis in deine letzte Zelle.

Genieße diese Wachstumskraft, die niemals versiegt, und tanke soviel frische Erd-Energie, wie du möchtest.

Verweile dort eine Weile mit deiner Aufmerksamkeit.

Bewege dich mit deiner Aufmerksamkeit nun zum Herz-Chakra. Visualisiere dort ein leuchtendes grünes Licht mit der Kraft eines sonnendurchstrahlten Sommertages.

Stimme dich auf die unendliche Pracht und Liebe der Schöpfung ein. Gib den leuchtenden Impulsen der Hoffnung und der Freude inneren Raum.

Fühle die lichten Energien des Erdenjahres durch deinen Körper und dein Seele fluten. Genieße dich und dein inneres Licht, das uns die Erde im Überfluß zur Verfügung stellt.

Bleibe auch dort eine Weile mit deiner Aufmerksamkeit.

Geh nun mit deiner Aufmerksamkeit zum Scheitel-Chakra.

Atme durch dieses feine Energiezentrum Ströme von kosmischem violettem Licht ein und aus. Die violetten Lichtströme fließen nun durch deinen Körper und treten an den Füßen wieder aus.

Sie reinigen den Organismus und klären dein energetisches System. Laß es solange fließen, wie du magst.

Richte nun deine Aufmerksamkeit wieder auf das Scheitel-Chakra und werde das feine weiße

Licht gewahr, das Atemzug um Atemzug das violette Licht durchdringt und auflöst.

Es beginnt nun auf dich herabzuregnen. Es regnet seine unendlichen feinen Energien auf dich herunter, und es ist zugleich absolut ruhig. Es ist Anfang und Ende zugleich.

Das weiße Licht ist die Essenz von allem, was auf der Welt ist: Hier ist das Ziel, hier jenseits von Zeit und Raum. Hier gibt es nichts mehr zu tun.

Atme diese Schwingung durch das Scheitel-Chakra ein und aus, erfülle dich mit dieser so feinen und so lichten Schwingung.

Laß diese Gedanken in dir wirken, in dir resonieren. Verweile hier, so lange du willst.

Kehre dann mit diesen Eindrücken in den Alltag zurück. Spüre dich am ganzen Leib, räkel dich. Laß dir Zeit bei der Rückkehr.

Finde dann in unsere polare Welt zurück.

Mögen Sie etwas von den hohen Resonanzschwingungen des platonischen Erdenjahres in den Alltag hineintragen und dort Wurzeln schlagen lassen.

Dieser Klang-Archetyp birgt hochsensible Empfindungen. Malen Sie Ihre Eindrücke (Vorlage S. 111)!

Wie ist es Ihnen bei dieser Übung ergangen? Haben Sie etwas von der Weite der geistigen Welt vernommen?

Malen Sie Ihre Eindrücke als Mandala …

Mond 1: Fantasiereise zu den wilden Kräften des Mondes

Verwenden Sie als musikalischen Background zu den Erdenjahr-Übungen das Stück »Orange Moonshine« von der CD *Klänge des Lebens.*

Zur Einstimmung legen Sie sich möglichst bequem hin. Schließen Sie die Augen, und atmen Sie bewußt tief ein und aus, ein und aus ...

Sie atmen die Ruhe ein, die Anspannung aus, die Ruhe ein, den Streß aus ...

Spüren Sie Ihren Körper von Kopf bis Fuß, atmen Sie in Gedanken durch den Kopf ein, durch die Füße aus, durch die Füße ein, durch den Kopf aus. Spüren Sie, wie Sie warm und schwer werden.

Als Fantasiereisetext verwenden Sie die folgenden Zeilen (vorlesen lassen oder auf Band sprechen):

Heute ist der Tag des vollen Mondes, dein Tag des Mondes, und du bist bereit, dich seinen Kräften zutiefst zu öffnen und die köstlichen Energien zu empfangen und in dich strömen zu lassen.

Du spürst deinen ganzen Körper von oben bis unten, spürst deine Haut auf den Armen, der Brust, dem Rücken, dem Bauch, den Beinen ... Du spüst ein eigenartiges Kribbeln.

Du fühlst dich gut heute, irgendwie anders, typisch ist dieses ungewohnte lebendige Gefühl für die Zeit des Vollmondes.

Du streifst deine Alltagskleidung ab und ziehst das orange, leichte und weitgeschnittene Stoffgewand an, auf dessen Oberfläche die Darstellungen des Mondes zu finden sind.

Du spürst die freudige Erwartung in dir. Dann verläßt du das Haus. Draußen ist es Nacht. Der Vollmond steht prachtvoll über dem östlichen Horizont und strahlt sein mystisches Licht in die Natur.

Du folgst uralten und vertrauten Wegen mitten durch den lichten Wald hinter deinem Haus, durch die sanften Wiesen, und alles ist durchströmt von den Energien des Mondes.

Jetzt siehst du in nicht allzu weiter Ferne den Schein eines Feuers. Sein oranges, warmes Licht strahlt in die Dunkelheit und erhellt sie. Du spürst die Vorfreude auf das Vollmondfest.

Nach wenigen Minuten bist du am Platz des Mondfeuers angekommen, wo schon viele Freunde und Freundinnen warten und dich strahlend und lachend begrüßen.

Einige deiner Freundinnen schlagen auf Trommeln, deren Äußeres mit dem Zeichen des Mondes versehen ist. Der lebendige Rhythmus ist genau auf den Mond abgestimmt.

Der Rhythmus geht durch und durch, und nach einer kurzen Begrüßungszeit beginnst du mit den anderen um das Feuer herumzutanzen.

Immer im Takt der Trommeln tanzt ihr gemeinsam um das Feuer herum, und dabei spürst du, wie diese uralte und so vertraute Energie durch dein Nabel-Chakra strömt.

In dir spürst du eine leuchtend orange Kugel, genau von der Form des vollen Mondes und der Farbe des Feuers. Diese Kugel beginnt in dir zu rotieren und verschwenderische Energieströme auszustrahlen.

Du spürst eine verlangende Wärme in dir, und dein Blick richtet sich auf die anderen. Ihnen geht es genauso. Auch sie sind erfüllt von den warmen Mondenergien.

Ihr stimmt einen archaischen Gesang an, und bald tönen eure Stimmen weithin durch die Nacht und steigen auf zum Mond, der mit seinem Licht den Ort erfüllt.

Schließlich verspürst du einen immer stärker werdenden Drang, deine Freunde zu umarmen und sie teilhaben zu lassen an deinen Energien.

Die Trommeln verstummen, und mit lautem freudigen Lachen umarmt ihr euch alle und genießt das Beisammensein hier am Kreis des Feuers unter dem Vollmond.

Du gibst dich der Nähe zu den Gefährten und Gefährtinnen des Mondes hin und läßt geschehen, was auch immer geschieht ...

Irgendwann sinkst du mit einer vertrauten Person auf den weichen Wiesenboden, und eng umschlugen und zur Ruhe gekommen schläfst du ein.

Als du aufwachst, dämmert es bereits. Die anderen erwachen auch allmählich, und während der Mond langsam im Westen versinkt, verabschiedet ihr euch herzlich voneinander und begebt euch jeder auf seinen Weg zurück nach Hause.

Während du über die taufrischen Wiesen eines neuen klaren Morgens hinwegschreitest, fühlst du dich rundum glücklich und voller neuer Kraft. Gerade siehst du, wie im Osten die Sonne eines neuen Tages aufsteigst. Du begrüßt sie freudig und bist zu Hause angekommen.

Möchten Sie Ihre lunaren Erfahrungen notieren?

Günther erzählt: »Diese Fantasiereise hat mir am meisten Spaß gemacht. Ich wünschte, sie wäre Wirklichkeit. Da wäre am Feuer aber die Post abgegangen. Aber wie soll so etwas hier mitten in Köln starten. Vielleicht irgendwo draußen im Bergischen Land ... aber dann bekämen wir bestimmt Ärger mit irgendwelchen Anwohnern.«

Ernst-Heiner: »Ich habe diese Energie als total fremd empfunden, fremd und irgendwie gar nicht zu mir gehörend. Irgendwie ganz archaisch. Ich glaube, ich habe diese Energien noch nie bewußt gespürt oder gar gelebt. Seltsam ...«

Peter: »Den Mond habe ich eigentlich nie gemocht, so am Abendhimmel schon, aber manchmal bin ich nachts wachgeworden, und der Mond schien voll Power durch mein Fenster. Ich habe mich regelrecht verkrochen vor ihm, so als wäre er mein Feind. Ich fühlte mich so, ja wie eigentlich ... eigentlich bedroht ... nein oder eher mit etwas völlig Fremdem, Uraltem und Wildem konfrontiert ... Irgendwie hat diese Schwingung gar keinen Platz in unserer heutigen Welt.«

Mond 2: Eine orangefarbene Mond-Meditation

Eine Meditation auf den Mondton GIS kann ihre ganz eigene heilende Wirkung entfalten. Schauen Sie im Kalender nach, wann wieder Vollmond ist, und reservieren Sie ein oder zwei ruhige Stunden dieses Tages für Ihr persönliches Vollmondritual. Hier sind einige Anregungen:

Lieben Sie ätherische Öle? Dann lassen Sie sich doch eine lunare Mixtur aus neutraler Salbengrundlage und ein wenig Ylang-Ylang oder Sandel-Öl in der Apotheke herstellen. Alternativ dazu mischen Sie zwei Tropfen des Öles mit zwei Eßlöffeln reinen Jojoba-Öles. Brauchen Sie einen heiligen Raum? Legen Sie eine wunderschöne Decke in der Raummitte aus, auf der Sie sich bequem ausstrecken können, oder gestalten Sie den Raum mit Tüchern Kissen und bunten Kerzen.

Als akustischen Hintergrund seien besonders zwei Musik-Stücke empfohlen: »Orange Moonshine« von der CD *Klänge des Lebens* sowie »Der Mondton« – als Teil der CD *Urtöne 1*.

Ideal ist es, im dunklen Raum – vielleicht sogar bei einfallendem Mondlicht – über die Klänge der

Musik zu meditieren. Atmen Sie diese Musik durch Ihr Nabel-Chakra ein und aus, singen Sie die Töne mit, tanzen Sie intuitiv nach den Klängen. Jede Bewegung ist erlaubt.

Sie können zur Einstimmung auch ein ganz großes Vollmondbild in leuchtend oranger Farbe malen. Lassen Sie sich von der Musik tragen, und malen Sie aus dem Nabel-Chakra heraus die Energieströme des Mondes. Ideen und das nötige Bewußtsein sind das Wesentliche dabei.

Nach dieser Vorbereitung möchte ich Sie zu einem Mond-Ritual einladen. Achten Sie dabei auf innere Bilder, Gefühle und Gedanken. Bringen Sie diese vielleicht hinterher zu Papier. Das innere Spektrum ist groß, wenn wir dem Mond in uns begegnen.

Stellen Sie eine Duftlampe auf, in der wenige Tropfen Ylang-Ylang-Öl den Raum in Schwingung versetzen, und legen Sie eines der empfohlenen Musikstücke auf. Lassen Sie den Klang-Archetyp des Mondes hinein in den Raum.

Massieren Sie etwas von der lunaren Mixtur in weichen und kreisenden Bewegungen auf Ihr Nabel-Chakra.

Nun ist der ganze innere und äußere Raum durchdrungen von Resonanzfeldern des Mondes. Sie hören und riechen es. Sie spüren es im Unterleib strömen. Atmen Sie die Resonanzfelder tief im Raum ein und aus.

Spüre nach, was da ist in dir, was kommt und geht in dir. Wohin fließen die Energien in deinem Körpertempel.

Bewege dich im Raum, laß es geschehen, laß dich von den inneren Bildern und Energien leiten.

Entdecke dich in der lunaren Welt! Alles sollte spontan aus dir heraus kommen, vielleicht singst du ein Lied an die Mondin, vielleicht sprichst du mit ihr – oder ist es für dich eine Wesenheit mit eher männlichen Eigenschaften?

Vielleicht setzt du dich in der Mitte des Raumes auf die Decke und meditierst über die lunaren Schwingungen? Vielleicht tanzt du mit geschlossenen Augen? Sei bewußt da, spüre, was geschieht, wie es fließt und strömt, in dir, im Beckenbereich, aufsteigend Richtung Kopf, absteigend Richtung Füße.

Finde schließlich in deinem eigenen Rhythmus ein Ende.

Verabschiede dich von Luna, dieser uralten Begleiterin unseres Heimatplaneten, welche die Säfte in uns strömen, wallen und wieder ruhen läßt, in fast vergessenen Träumen mit in uns fast erloschener Stimme zu uns spricht. Gib ihr Raum, damit sie ihre kraftvollen Energien in dir entfalten kann.

Kehre schließlich in den Alltag zurück. Du kannst nun etwa zwei Wochen ruhen. Dann strebt alles in dir einem neuen Vollmond zu ...

Malen Sie Ihr Mond-Mandala …

Versuchen Sie ein lunares Mandala-Bild zu malen. Benutzen Sie dazu die Vorlage auf Seite 117.

Welche Erfahrungen haben Sie während der Übung gemacht? Notieren Sie Ihre deine Eindrücke:

____

____

____

____

____

____

Situationsbezogene Übungsabfolgen

In diesem Abschnitt finden Sie Übungsanregungen zu typischen Alltagssituationen, in denen wir »horribly out of tune« sind, wie es die Engländer formulieren: hochgradig verstimmt und alles andere als im Einklang mit den Schönheiten und den kraftvollen Energien des Universums. Die folgenden Ausführungen mögen Ihnen helfen, die Tore zu den wirklich positiven Energien wiederzufinden, die Tore zu den Schwingungen der Klang-Archetypen unseres Universums.

Auch hier verwenden wir die Visualisierung von Farben sowie die kosmisch gestimmte Musik als Basis für die Einschwingung auf die Klang-Archetypen. Nicht zuletzt benutzen wir wieder die unerschöpflich kreative Kraft der Imagination, um einem leisen Ballon gleich der stressigen Alltagswelt zu entschweben und an heilenden inneren Orten neue kosmisch gestimmte Energie zu tanken.

Kinder, Kunst und Klänge

Um Erwachsene, aber auch Kinder für die kosmischen Zusammenhänge zu sensibilisieren, empfehle ich auch Übungen mit viel Farbe. Wir können uns beispielsweise bewußt auf einen Tag des Jahrestons, des Erdentages, des Mondes und des platonischen Jahres vorbereiten und diese fest im Jahreskalender als neue kosmisch gestimmte Jahresfeste verankern und entsprechend feiern. Es mag sein, daß Ihnen noch eine Fülle anderer und vielleicht besserer Ideen einfallen. Improvisation ist kreativ! Mit meiner Familie habe ich die in der Tabelle auf Seite 120 aufgeführten Termine ausprobiert. Für die Arbeit mit Kindern können Sie beispielsweise folgende Vorbereitungen treffen:

- Etwa einen Monat vorher entdecken wir, daß der Termin naht.
- Drei Wochen vor dem Tag besorgen wir uns weiße lange T-Shirts oder nähen einfach weiße Gewänder und färben sie dann in der Farbe des jeweiligen Klang-Archetyps.
- Zwei Wochen vor dem Tag besorgen wir entsprechend gefärbte Kerzen, Farbe, Pinsel und ganz, ganz viel Papier.
- Eine Woche vor dem Tag denken wir uns Geschichten zum Thema aus und fantasieren herum. Die Erwachsenen verfassen vielleicht eine spannende Kurzgeschichte dazu.
- Dann kommt der Tag: Wir treffen uns in einem Raum. Jeder trägt ein kosmisch gefärbtes Gewand.
- Mit einem entsprechend gestimmten Gong leiten wir den Tag ein. Langsam entsteht – wie aus weiter Ferne kommend – der Klang. Er schwillt mehr und mehr an und vibriert im ganzen Körper. Diesen Vorgang wiederholen wir genau dreimal, denn dann ist der Klang da ...
- Wir setzen uns alle um einen großen Tisch, essen Kuchen und trinken Saft in der Farbe des Klang-Archetyps. Es empfehlen sich Multivitaminsaft (Farbe des Mondes), Blutorangensaft (Farbe des Erdentages), roter Traubensaft oder schwarzer Johannisbeersaft (Farbe des platonischen Jahres). Tja, und welcher Saft ist leuchtend grün? Da gibt es im Winter echte Probleme – der Saft soll ja auch schmecken. Versuche mit feinpürierter Petersilie und hellem Apfelsaft sind vorgeschlagen und ausprobiert worden, und die beste Kombination ergibt wohl ein Gemisch aus einem halben Bund Petersilie, feinstpüriert, mit hellem Apfelsaft. Der sehr gesunde und wohlschmeckende Saft erstrahlt auch in einem prachtvollen Grün. Danach zünden wir die Kerzen an, decken den großen Tisch mit Malpapier ab und malen gemeinsam und nicht zu

(orange)	**Der Tag des Mondes** Termin: erster Frühlingsvollmond im Jahr – das eigentliche Osterfest
(rot)	**Der Tag des Erdentages** Termin: die Sommersonnenwende – alles ist voller Kraft und Leben
(violett)	**Der Tag des platonischen Jahres** Termin: herbstliche Tagundnachtgleiche – Einstimmung auf die dunkle Jahreszeit
(grün)	**Der Tag des Erdenjahres** Termin: Silvester – Einstimmung auf das innere Licht im Dunkel und Neubeginn

hektisch ein großes, grandioses Bild nur in der jeweiligen Farbe, wobei wir Hände, Pinsel und Farbrolle benutzen. Das macht viel Spaß. (Am besten decken Sie vorher den Fußboden gut ab.)

Wenn das Bild fertig ist, kommt die Phase der Reinigung. Es gilt, Gläser auszuspülen, farbige Pinsel und Rollen zu reinigen – und nicht zuletzt sich selbst. Dafür mag ein herrliches Bad in farbigem Wasser genau das Richtige sein. Nehmen Sie einige Tröpfchen Speisefarbe zum Badewasser dazu.

- Frisch gereinigt versammeln wir uns dann ein letztes Mal vor dem inzwischen trockenen Gemälde. Unter den gewaltigen Schlägen des Gongs verabschiedet sich der Klang-Archetyp aus unserer Mitte und verläßt leiser und leiser werdend wieder den Ort. Das Gemälde hängen wir im Raum auf. Auf diese Weise bleibt die Schwingung weiterhin vorhanden.

Den Ton bzw. Klang können Sie natürlich auch mit einem anderen Instrument einleiten. Die heilerische Praxis zeigt, daß es sich auch mit Klangschalen sehr gut arbeiten läßt. Gerade bei Fantasiereisen lassen sie sich hervorragend einsetzen. Ihr Klangspektrum ist so ungewohnt und so durchdringend, daß es eine wahre Freude ist.

Viel Freude und gute Nerven wünsche ich Ihnen und Ihren Kindern bei diesem Klang-Abenteuer. Ich denke, die Freude wird stets überwiegen. Haben Sie gute Ideen? Dann schreiben Sie mir, oder schauen Sie im Internet auf die Website zum Buch (Adresse S. 186).

Neue Kraft und Hoffnung aufbauen

Neue Kraft und Hoffnung aufzubauen ist für viele grundlegend wichtig, sei es nach einer langen Leidenszeit durch seelische Anspannung, nach einer Krankheit oder nach anstrengender Arbeit. Befinden Sie sich in einer dieser Situationen?

____

____

____

____

Wir können in solchen Situationen lernen, uns auf den Klang-Archetyp des Erdentages einzuschwingen. Seine Schwingungen stimulieren unser gesamtes energetisches System: Die DNS und damit das Zellsystem werden aktiviert, die Thymusdrüse reagiert, der gesamte Organismus wird neu und kraftvoll durchlebt. Ganz im Sinne der Homöopathie und anderer energetischer Heilmethoden sei auch hier darauf hingewiesen, daß Heilung ihre Zeit braucht, aber seien Sie versichert: Sie werden die belebende Wirkung spüren, wenn Sie diese nur zulassen.

Gerade in Zeiten der Kraftlosigkeit liegen oft komplexe Verspannungen und Blockaden zugrunde, die unser Energien schlicht und einfach auffressen. Fühlen Sie sich verspannt, blockiert, irgendwie regelrecht »tot«, oder fühlen Sie sich leer?

____

____

____

____

____

Wenn Sie feststellen, daß Sie eher verspannt sind, empfehle ich Ihnen körperzentrierte Übungen z.B. aus der Bioenergetik. Übungsfolgen wie Kundalini- oder dynamische Meditation oder die Beschäftigung mit dem Klang-Archetyp des Erdenjahres sind auch prima. Ansonsten mag Ihnen die folgende Übung neue Kraft und Hoffnung schenken. Im Zweifelsfall probieren Sie es einfach aus.

Bereiten Sie die Übung vor, indem Sie das Stück »Spin Red« der CD *Klänge des Lebens* auflegen, und verlängern Sie die Spieldauer, indem Sie die Repeat-Funktion Ihres CD-Players benutzen.

Zur Einstimmung legen Sie sich möglichst bequem hin. Schließen Sie die Augen, und atmen Sie bewußt tief ein und aus, ein und aus ...

Sie atmen die Ruhe ein, die Anspannung aus, die Ruhe ein, den Streß aus ...

Spüren Sie Ihren Körper von Kopf bis Fuß, atmen Sie in Gedanken durch den Kopf ein, durch die Füße aus, durch die Füße ein, durch den Kopf aus. Spüren Sie, wie Sie warm und schwer werden.

Als Fantasiereisetext verwenden Sie die folgenden Zeilen (vorlesen lassen oder auf Band sprechen):

Hörst du das Rauschen der Wellen, schmeckst du den feinen salzigen Geschmack auf den Lippen?

Du bist wieder an deinem Strand, hier am Ostrand der Insel weit im Süden unseres Planeten, dort, wo du stets den Sonnenaufgang feierst, die Geburt des neuen Tages, der über das weite Meer heraufzieht.

Noch ist es ruhig hier, der Himmel beginnt sich zunehmend rot zu färben und den neuen Tag anzukündigen. Ein prachtvolles Morgenrot breitet sich über dem Wasser aus, und es taucht dich von Minute zu Minute stärker in ein prachtvolles rotes Licht, ein Licht voller neuer Energie und Zuversicht für den nächsten Lebensabschnitt.

Spüre die Kraft darin, sie ist geboren aus der uralten Begegnung von Wasser und Erde mit dem Feuer der aufgehenden Sonne und der Frische der nachtgereinigten Luft.

Spüre, wie dein Wurzel-Chakra zu strömen beginnt. Spüre, wie dich verschwenderisch strömende rote Wärmewogen bis in die äußersten Zellen deines Körpers durchfluten.

Im kraftvollen Rhythmus, eins mit dem Takt der Wellen, durchfluten sie dich mit unendlicher feiner Wärme, ausdauernder Kraft und neuer Zuversicht.

Spüre diese Wogen in dir, spüre, wie du auftankst und wie sich deine schwach gewordenen Organe satt daran trinken und zu neuem Glanz erstrahlen. Laß dir Zeit, dies zu spüren.

In diesem Moment erscheint die Sonne am Horizont. Sie taucht aus dem Meer auf und zeigt sich dir in dieser einmaligen roten Farbe, wie sie nur in den ersten Minuten des neugeborenen Tages zu sehen ist. Es ist immer wieder ein atemberaubender Anblick, ein Symbol des grenzenlosen Optimismus.

Der neue Tag beginnt, und du spürst die erste zarte Wärme des neuen Tages auf deiner Haut, und es tut so gut. Genieße es.

Du bist jetzt randvoll mit frischer roter Energie und beginnst voller Freude in den neuen Tag zu laufen, du springst auf und ab und läufst am Rande des rauschenden Wassers mit dem Licht des neuen Tages voran.

Langsam kehrst du in deinen Alltag zurück. Die Sonne ist nun aufgegangen, und sie steigt auch in dir höher und höher.

Kehre nun zurück mit der Gewißheit, daß du jederzeit, jeden Morgen zu deinem Strand zurückkehren kannst, um frische Energie zu tanken – Energie, die wir alle durch den Klang-Archetyp des Erdentages im Überfluß bekommen. Und wisse: Je mehr du dich für diese Schwingung öffnest, desto mehr finden dich diese Energien von ganz allein.

Wie haben Sie diese Übung erlebt, haben Sie neue kraftvolle Impulse, Bilder oder Ideen erspürt?

Malen Sie ein strahlendes Mandala der inneren Kraft.

Malen Sie ein strahlendes Mandala der inneren Kraft …

Der Weg zu wahrer Ruhe nach einem anstrengenden Tag

Machen Sie diese Übung, wenn Sie nach anstrengendem Tagwerk in dem hektischen Gedankendschungel des Tages verhaftet bleiben, wenn die Termine oder andere vordergründige Sorgen hartnäckig drängen oder wenn Sie »nur total nervös« sind.

Gerade in solchen Momenten ist es notwendig, wieder in die seelische Mitte zu finden, um zu erkennen, daß alles seine Ordnung besitzt und alles von der universellen Liebe der Schöpfung durchdrungen ist. So wir dieser Erkenntnis näher kommen, lösen sich die Sorgen des Alltags mit ihren verführerischen Schatten im Licht des Erkennens auf.

Nach einer schöpferischen Pause sind wir wieder geklärter und frei für Neues.

Sorgen Sie für einen ruhigen Raum, legen Sie das Stück »Blue Greens« von der CD *Klänge des Lebens* auf, und verlängern Sie die Dauer des Stückes mit der Repeat-Funktion des CD-Players.

Als Vorschlag zur Einstimmung legen Sie sich möglichst bequem hin. Schließen Sie die Augen, und atmen Sie bewußt tief ein und aus, ein und aus.

Sie atmen die Ruhe ein, die Anspannung aus, die Ruhe ein, den Streß aus ...

Spüren Sie Ihren Körper von Kopf bis Fuß, atmen Sie in Gedanken durch den Kopf ein, durch die Füße aus, durch die Füße ein, durch den Kopf aus. Spüren Sie, wie Sie warm und schwer werden.

Als Fantasiereisetext verwenden Sie die folgenden Zeilen (vorlesen lassen oder auf Band sprechen):

Du atmest die Ruhe und kannst endlich loslassen. Du stehst auf einer schönen Wiese in der warmen Sonne. Ein herrlicher Tag. Die frischen Grashalme auf der Wiese leuchten in saftigen Grüntönen im Verbund mit dem gelbstrahlenden Löwenzahn unter dem tiefblauen Frühsommerhimmel.

Alles ist voller Licht, alles atmet die Liebe der Schöpfung, und ein milder, sanfter Wind rauscht durch die Wipfel der Bäume am Rand der Wiese.

Nicht allzu weit weg von dir steht die kleine alte Kapelle mit der großen ehrwürdigen Eiche. Sie steht gerade in ihrem frisch ergrünten Blätterkleid malerisch in der Weite der Wiese.

Viele Jahrhunderte hat sie gesehen, viele Male folgten Frühling, Sommer, Herbst und Winter aufeinander; Stürme rissen an ihren Ästen, Sonnenstrahlen streichelten ihre Blätter und Vögel bauten Nester in ihrem Wipfel.

An einem der ausladenden knorrigen Äste hängt eine bunte Schaukel, die auf dich wartet. Du gehst

hin und setzt dich auf die Schaukel. Langsam beginnst du zu schaukeln. Im Einklang mit deinem Atem schaukelst du sanft hin und her, hin und her, hin und her.

Die Sonne scheint durch die grünen Blätter. Das Licht vermischt sich mit dem Blau des Himmels zu einem herrlichen Grünblau, das noch intensiver wird, wenn du die Augen etwas zusammenkneifst.

Es ist wunderschön hier – ein Ort der Ruhe und der Kraft.

Spüre jetzt in dein Herzzentrum hinein, spüre, wie es von den grünen Farbwogen durchdrungen wird und ganz fein zu strömen beginnt. Ganz tief in deiner Brust kreisen sanft Gefühle der Liebe, gewinnen Raum, und langsam breiten sich Wellen aus liebevoller lichter Energie in dir aus, den Kreisen im Wasser eines Sees gleich, in den ein kleines Kind einen Stein geworfen hat.

Spüre, wie das Strömen aus deinem Herz-Chakra dich mehr und mehr erleuchtet, wie die lichten Wogen jede verworrene Enge und Dunkelheit in dir auflösen.

Du schaukelst sanft weiter, eins mit dem ewigen Rhythmus der Liebe zum Leben und zur kosmischen Schöpfung.

Du wirst eins mit dem lichterfüllten Herzschlag der Schöpfung, eins mit dem strahlenden Blätterdach über dir, mit dem Himmel, mit der Wiese, eins mit allem, all-eins. Die ganze Liebe der Schöpfung, ihr ganzer Reichtum und das Wissen darum, daß alles seinen Platz in der Welt hat, schwingt in dir.

Spüre diese strahlende Gewissheit, so lange du willst.

Wenn du zurückkehren möchtest, lasse die Schaukelbewegungen ausklingen, steige ab und mach dich auf den Heimweg. Schreite vorbei an der alten Kapelle, durch die frische Wiese und geh zurück in den Alltag. Nimm das Wissen mit, daß du stets an diesen Ort zurückkehren kannst, wenn du die wahre tiefe Ruhe und Liebe der Schöpfung suchst.

Trage die lichten Schwingungen in deinen Alltag hinein.

Wie haben Sie diese Übung erlebt? Konnten Sie Ruhe finden?

Malen Sie die Antwort als Mandala (Vorlage S. 131).

Malen sie Ihre Empfindungen ...

Der Weg zu persönlicher Klarheit

Gerade in schwierigen Lebensphasen, in Momenten, in denen wir an einem Scheideweg zu stehen scheinen, heißt es aufzupassen und nichts zu überstürzen.

Die Chinesen bedienten sich seiner Zeit der Weisheit des I Ging-Orakels, um die Situation in ihrer Bewegung zu erfassen und zu verstehen. Diesem Orakel liegt zugrunde, daß sich die Welt im Spiel der Polaritäten Yin und Yang darstellt und daß eine isolierte Situation niemals statisch auf ihre Bedeutung untersucht werden darf. Sie ist stets in Bewegung, ein Ausdruck des Spiels der ewigen Gegensätze, die wir zu erkennen glauben.

Für solche Momente empfehle ich eine Übung, die Ihnen hilft, die Situation zu bestimmen, schwierige Momente zu verstehen und einen möglichen Schlüssel zur Lösung zu finden. Die Übung steht im Geiste des Klang-Archetyps des platonischen Erdenjahres und soll Klarheit vermitteln. Als musikalischen Teppich verwenden Sie das Stück »Pendulum And Bell« von der CD *Klänge des Lebens.* Verlängern Sie die Spieldauer des Stückes, indem Sie die Repeat-Funktion Ihres CD-Players benutzen.

Zur Einstimmung legen Sie sich möglichst bequem hin. Schließen Sie die Augen, und atmen Sie bewußt tief ein und aus, ein und aus ...

Sie atmen die Ruhe ein, die Anspannung aus, die Ruhe ein, den Streß aus ...

Spüren Sie Ihren Körper von Kopf bis Fuß, atmen Sie in Gedanken durch den Kopf ein, durch die Füße aus, durch die Füße ein, durch den Kopf aus. Spüren Sie, wie Sie warm und schwer werden.

Als Fantasiereisetext verwenden Sie die folgenden Zeilen (vorlesen lassen oder auf Band sprechen):

Du schaust dich um. Es ist dunkel geworden. Über dir dehnt sich der tiefviolette weite Himmel mit seinen unzähligen Sternen und dem weiß leuchtenden Band der Milchstraße.

Es ist still hier draußen auf der Waldwiese. Weit weg am Rande der Wiese, siehst du, ahnst du den dunklen Waldrand, der die Wiese weiträumig umschließt. Hier auf der Wiese ist es ganz still. Die Welt ist zur Ruhe gekommen.

Du schaust auf zu den Sternen. Es mögen Millionen sein, die dir aus unfaßbaren Weiten entgegenfunkeln. Teilweise ist ihr Licht viele Tausend Jahre unterwegs gewesen, bis es jetzt dein Auge und damit seine Bestimmung erreicht hat.

Das All, ein unfaßbar weiter Raum voller Stille.

Spüre diese Stille und diese Weite.

Geh nun über die Wiese, andächtig mit gemessenen Schritten, eingetaucht in das tiefviolette Licht der Nacht. Laß diese unendliche Weite in dein Bewußtsein eintreten.

Malen Sie Ihr Mandala der persönlichen Klarheit

Die Probleme des Alltags verlieren in der Weite der Nacht an Bedeutung, ganz klein werden sie, immer kleiner, bis sie ganz verschwinden.

Du beginnst dich leicht, immer leichter, immer freier zu fühlen. Du löst dich vom Boden und schwebst ganz leise und sanft in den violetten Himmel hinein, steigst hoch, immer höher, unter dir das Dunkel der Welt um dich herum überall Sterne. Das violette Licht durchströmt dich jetzt vom Scheitel-Chakra bis zu den Füßen. Es erfüllt dich durch und durch und reinigt dich. Es öffnet dein Bewußtsein und die Weite deines Blickes, und es ist so still und in sich ruhend.

Es ist wunderschön, traumhaft schön.

Du schaust hinab auf die Erde, sie erscheint dir jetzt wie das Yin-Yang-Symbol: ein lebendes Wesen, in dem ein Strom der Gestaltung und ein Strom der Zerstörung innigst ineinander verwoben das Spiel bestimmen.

Schau genau hin, was du siehst. Schau in das Strömen hinein. Du siehst den Strom der Erschaffung der Welt, du siehst den Strom des Untergangs der Welt, beide ständig miteinander im Dialog, das Schicksal der Welt prägend.

Du siehst Menschen, die sich dem Strömen widersetzen, die sich verzweifelt an scheinbaren Sicherheiten festhalten, sich verkrampfen und letztlich entkräftet scheitern.

Andere Menschen siehst du, weise Menschen, die diese Zusammenhänge verstanden haben und ein tiefes Einverstandensein auf ihren Gesichtern tragen. Sie schreiten fast schwerelos voran, ein zustimmendes Lächeln auf dem Gesicht.

Nun schau nach dir, du siehst dich, wie du vor einigen Stunden deinen Tätigkeiten nachgegangen bist. Zu welcher Gruppe Mensch gehörst du?

Und falls du zu denen gehörst, die sich dem Strom widersetzen, was würde geschehen, wenn du dich dem Fluß des Stromes hingeben würdest. Du kannst die ganze Welt übersehen, hier oben im violetten Weltenraum, du kannst Entwicklungen sehen, die du mitten im Gewühl des Alltags nicht sehen könntest. Hier hast du den Überblick.

Schau hin und versteh die Zusammenhänge. Laß dir soviel Zeit dabei, wie du brauchst.

Nach einer Weile merkst du, wie du zu sinken beginnst. Die Erde wird größer unter dir, die Ströme der Gestaltung und der Zerstörung werden unüberschaubar, aber in allem, was du siehst, erkennst du das Wirken dieses ewigen Wechselspiels, und du hast etwas von deinem Problem verstanden: Du weißt, was du zu tun hast.

Kehre gestärkt und geklärt mit den, von der violetten Schwingung des platonischen Klang-Archetyps getragenen Energien in den Alltag zurück.

Wie sehen Sie Ihre Probleme aus diesem neuen Blickwinkel? Notieren Sie bedeutende Stichpunkte.

Malen Sie Ihre Erkenntnisse in ein Mandala (S. 135).

Stirb und Werde

Alles Leben besteht aus einem Wechselspiel von Kommen und Gehen, von Werden und Vergehen vor dem Hintergrund einer Schöpferkraft jenseits der Begriffe von Zeit und Raum. Gerade in schweren Lebenskrisen kann das Bewußtmachen dieses Urgesetzes zu tiefer Befreiung führen. In Verbindung mit dem Wissen um die Urenergien der Klang-Archetypen, die uns durch das Leben tragen, können wir zu einer tiefen Gewißheit gelangen, in der wir auch in schweren Zeiten viel Trost finden können.

Die folgende Übung soll Ihnen als Anleitung dienen, diese Erfahrung mit Hilfe der Klang-Archetypen zu machen und zu vertiefen. Die Urenergie dieser Klänge schafft neues Urvertrauen.Nehmen Sie sich genügend Zeit und machen Sie die Übung erst, wenn Sie bereits Erfahrungen mit anderen Einsteigerübungen gemacht haben, die Klang-Archetypen Ihnen also wieder etwas vertraut geworden sind.

Malen Sie im Anschluß an diese Meditation ein Bild, indem Sie Ihre Gefühle ausdrücken können. Aus eigener Erfahrung weiß ich, daß diese Übung oft starke Emotionen freisetzt, es mag sein, daß es für Sie geeigneter ist, diese Meditation im Schutz einer Gruppe zu machen. Insofern empfiehlt sich diese Beschreibung auch für Workshops.

Vorbereitung:

Sorgen Sie für Ruhe im Raum. Klären Sie ihn durch ein reinigendes Duftöl, verbrennen Sie reinigenden Salbei.

Als musikalische Untermalung empfehle ich zum einen die CD *Klänge des Lebens* in voller Länge sowie die Stücke 3 und 4 der dafür besonders geeigneten CD *Geburt der Elemente* von Barbara Ostertag und Wolfgang Gleixner.

Legen Sie eine gerollte Decke, ein Kissen, ein Meditationskissen oder etwas Vergleichbares auf den Boden in die Mitte Ihres Raumes. Setzen Sie sich dort bequem – möglichst im Meditationssitz – hin.

Lassen Sie die Musik Ihren Körper erfüllen, spüren Sie Ihre Atmung, der Atem kommt, der Atem geht, Ursymbol der Existenz der polaren Welt. Spüren Sie, wie die Energien langsam zu fließen beginnen. Lassen Sie sich Zeit. Lassen Sie alles, was da ist, kommen und gehen, kommen und gehen.

Der folgende Text mag hier als Wegweiser dienen:

Du bist ein Samenkorn tief im Schoß der dunklen, gut riechenden fruchtbaren Erde. Es ist still hier.

Es ist dunkel um dich herum. Du hörst ein tiefes Pulsieren, violette Lichtspuren in weiter Entfernung, rote warme Lichtwogen um dich herum, erst weiter weg, aber stetig näher und näher kommend.

Ab und an wirst du durchströmt von einem orangefarbenen Lichtstrudel. Ansonsten ist es dunkel und du fühlst dich geborgen. Spür diese Geborgenheit und das Pulsieren um dich herum.

Es beginnt zu tropfen ... Wasser gluckert um dich herum in der dunkeln Geborgenheit, und das rote Licht beginnt immer aufgeregter zu pulsieren. Du spürst, daß der Winter dem neuen Frühling weicht. Der Schnee schmilzt. Und du spürst, wie du anfängst, eine weiße, schöne Wurzel in die Tiefen der Erde auszutreiben. Mit jedem Millimeter Wachstum kommst du dem roten Licht näher. Die Erdenergie des Erdentages durchflutet dich, und du spürst unbändige Kräfte in dir, Kräfte zu wachsen. Ein Druck wächst in dir, und du sprengst die schützende Schale des Samenkornes. Ein wunderschöner roter Keimling reckt sich voller Sehnsucht nach Licht kraftvoll nach oben.

Du wächst und wächst, die Energien durchpulsen dich mit unendlicher Kraft, und endlich – an einem milden Frühlingsmorgen, kurz nach Sonnenaufgang, durchbrichst du die Erdkrume, ein kleiner roter Stengel voller Kraft.

Geblendet stehst du im Licht eines neuen Frühlingstages, und die Sonne begrüßt dich voller Güte.

Im Antlitz der Sonne verwandelst du deine Farbe in magisches Grün, und zusammen mit den roten Energien des Erdentages und den grünen Energien des Erdenjahres spürst du große Freude und unbändige Kraft in dir.

Die Energieströme rauschen mächtig durch dich, und du wächst voller Jubel und Euphorie nach oben, immer die Sonne im Blick, und nach unten, immer den Erdenschoß im Blick.

Die Nächte sind nicht mehr so kühl, die Tage sind deutlich länger und wärmer. Fest verankert im Boden und erfüllt von den Kräften des Frühlings wächst du, herrliche Blätter austreibend. Du siehst die Wolken und den Regen kommen und gehen, du siehst Gewitter aufziehen und abziehen, den Mond und die Sonne auf- und untergehen.

Du wiegst dich im Wind, spielst mit ihm voll jugendlicher Kraft. Inzwischen kannst du von oben auf die Erde herunterblicken. Du bist groß geworden. Schmetterlinge und Vögel fliegen über dir und die Katze liegt immer öfter träge neben dir in der Sonne. Nachts fliegen Fledermäuse an dir vorbei, kleine und große Krabbeltiere eilen geschäftig um dich herum, Schnecken beschnuppern dich.

Das Leben ist schön. Die Sonne ist nun fast rund um die Uhr da. Der Mond leuchtet immer kraftvoller, und strömende orangefarbene Lichtwogen schickt er dir. Du nimmst sie auf, und spürst eine immer drängendere strömende Kraft in deiner Mitte. Dort bildest du eine kraftvolle, pralle Knospe, und du verbindest dich immer mehr mit dieser Knospe.

Deine Wurzeln sind stark, dein Körper mit seinen tiefgrünen Blättern und Stielen ist stabil und flexibel. Du kannst dich voll auf sie verlassen. Spür die Energien im Zentrum deiner Blüte.

Eines Morgens ist es soweit. Du erblühst. Mit dem Aufgehen der Sonne streckst du deine leuchtend gelben Blütenblätter dem Blau des Himmels entgegen, voller Stolz über deine Schönheit, und alle kommen und bewundern dich: Bienen, Hummeln, Schmetterlinge, und selbst die Katze reckt heute ihren Kopf und blinzelt deiner Blütenkrone entgegen, bevor sie sich zu deinen Füßen zusammenrollt.

Du bist auf der Höhe deiner Kraft. Rote, orange und grüne Energien durchfluten dich unter dem Gelb der Sonne und dem Blau des Sommerhimmels. Für einen kurzen Moment spürst du ganz oben eine seltsam vertraute violette Energie.

Du bist reif und glücklich.

Deine Blüte ist nun groß und prächtig. Abends ertappst du dich dabei, daß du dich müde fühlst. Die Blüte wiegt schwer, und du brauchst die Nacht, um Kraft zu sammeln. Die rote und die orange Energie scheint jeden Tag mehr zu versiegen, aber die grüne Energie trägt dich lichtvoll durch Tag und Nacht, erleuchtet deinen Körper und deine Blüte.

Es mehren sich die violetten Lichtstrudel am Himmel, sie scheinen in dem Maße zu wachsen, wie die Erd- und Mondenergie zurückgeht. Es kommt wieder ein Gewitter auf, Blitz, Donner und erfrischender köstlicher Regen. Es stürmt, und plötzlich spürst du einen neuen Feind in Gestalt des peitschenden Windes. Er fordert dich, und du bist so müde, die Blüte wiegt schwer, und auch das innere Licht ist etwas blasser als sonst. Du kämpfst gegen den Sturm.

Der Wind reißt an deinen schönen Blättern, du schwankst und hältst das Gleichgewicht mit Mühe. Aber du siegst, und am neuen strahlenden Morgenhimmel siehst du stärker denn je die violetten Strudel, lautlos und unendlich kraftvoll in sich ruhend. Sie strömen in dich hinein, und eine neue heitere Stimmung trägt dich durch den Spätsommertag. Es macht dir nichts, daß du verunstaltet bist. Der Sturm ist weg, die Sonne wieder da und auch die Katze.

Langsam aber sicher wird das Wetter kühler, windiger und nasser. Die Bienen und Schmetterlinge kommen schon längst nicht mehr, und auch die Katze läßt sich kaum noch blicken. Manchmal schaut sie zu dir auf. Bedauert sie dich?

Einerseits fühlst du dich so müde und häßlich, andererseits strömen die violetten heiteren Energien mit unendlicher Leichtigkeit durch dich hindurch, tragen dich zuweilen ein Stück weg, und du siehst dich wie ein Vogel im Licht der kürzer und kürzer werdenden Tage.

Es stürmt wieder, und du schwankst hilflos geworden hin und her. Weg ist die jugendliche Beweglichkeit. Deine Blütenblätter sind weggerissen. Du rufst das violette Licht an, und es trägt dich in die heiteren Regionen. Du sammelst alle Kraft, aber der Wind verhöhnt dich, und mit einem gewaltigen Schlag fällst du um und schlägst hart auf dem nassen, kalten Boden auf, ausgerissen sind die Wurzeln. Kalt ist es, sehr kalt, eisiger Wind.

Die violetten Strudel tragen dich sanft hinfort, Sie haben eine unvorstellbare Größe angenommen, und in ihrer Mitte siehst du ein gleißend helles Licht. Du wirst emporgewirbelt, es geht nach Hause. Hier gibt es keinen Kampf mehr, nichts mehr zu tun.

Es ist einfach, all-eins und ewig. Stille. Frieden …

Das weiße Licht beginnt sich zu bewegen, die violetten Strudel tauchen wieder auf und heißen dich willkommen. Kennst du das irgendwoher?

Sie ziehen dich mit durch unendliche Weiten ohne Zeit und ohne Raum. In violetten und weißen Strudeln spürst du langsam eine rote Strömung, und du spürst oben und unten zu unterscheiden. Dunkel wird es um dich herum, dunkel und geborgen, aber beengt in einer festen Schale findest du dich.

Du bist ein Samenkorn tief im Schoß der dunklen und gut duftenden fruchtbaren Erde. Es ist still hier.

Du spürst ein tiefes Pulsieren, violette Lichtspuren in weiter Entfernung, rote warme Lichtwogen um dich herum, erst weiter weg, aber stetig näher und näher kommend.

Ein neuer Zyklus beginnt …

Komm ganz langsam wieder zurück in die Alltagswelt. Hier spürst du wieder den Atem, wie er kommt und geht. Spür wie die Energien in dir fließen. Spür dich. Recke und strecke dich kraftvoll, und beende diese Übung in deinem Tempo.

Haben Sie gespürt, wie in unserem Universum Alles mit Allem sinnvoll zusammenhängt? Haben Sie etwas Besonderes erlebt?

Notieren Sie hier wichtige Schlüsselszenen:

Malen Sie diese Harmonie in ein Mandala.

Malen Sie Ihr Mandala der Harmonie …

Anmerkungen zu den Meditationen

Alle geschilderten Übungen sollen Sie in mehr Kontakt mit den Klang-Archetypen bringen. Betrachten Sie diese Texte als Beispiele und Anregungen für eigene Meditationsprojekte oder Fantasiereisen.

Ich habe bewußt auf Instant-Anregungen und Tips verzichtet, denn nur zu oft passen solche vorgefertigten Anregungen gar nicht zur inneren Seelenlandschaft anderer Menschen.

Das gemeinsame Prinzip ist stets mittels Musik, Text, einfacher Farb- und Bildvisualisierungen Kontakt mit dem Energiefeld der Klang-Archetypen aufzunehmen. Die Texte kanalisieren dann die frei werdenden Energien in Ihnen und führen diese durch die weiten Räume der inneren Existenz.

Die zitierten musikalischen Beispiele haben sich in meiner Arbeit bestens bewährt, einige sind noch recht junge Produktionen. Lassen Sie sich von dem Hinweis leiten, daß die Übungen sehr viel intensiver verlaufen, wenn die Musik auf die jeweiligen Klang-Archetypen gestimmt ist.

Schöpfen Sie aus dem Fundus der kosmisch gestimmten Musikproduktionen, benutzen Sie die CD zum Buch, *Klänge des Lebens*, oder die Urtöne-CDs von Joachim-Ernst Berendt. Schöpfen Sie aus dem musikalischen Werk von Ravi Shankar, dessen Produktionen auf den Jahres-Klang-Archetyp gestimmt sind oder greifen Sie auf die Vielzahl kosmisch gestimmter Produktionen des Musikers Anugama zurück (siehe Bezugsquellen S. 186).

Neben diesen meditativen Fantasiereisen mit visualisierenden Elementen gibt es die Möglichkeit, sich mit kosmisch gestimmten Instrumenten wie Gongs, Klangschalen und Stimmgabeln zu beschäftigen und mit ihnen zu arbeiten. Darum geht es im folgenden.

Ich möchte Ihnen die Arbeit mit dem Gong so richtig schmackhaft machen. Gong-Klänge sind auch das unübertroffene Sahnehäubchen für die geschilderten Meditationen auf die Klang-Archetypen. Für die ernsthafte therapeutische Arbeit mit den Klang-Archetypen sind sie praktisch unverzichtbar.

Wie Sie die Wirkung der Klang-Archetypen verstärken können

Heilende Arbeit mit kosmisch gestimmten Gongs

In jedem Gong steckt der Geist eines Heiligen.

Spruch aus dem Hohen Atlas

Kaum ein Musikinstrument eignet sich wohl besser zur Arbeit mit den Klang-Archetypen als der Gong, sei es für künstlerisches Schaffen oder auf dem Weg des therapeutischen Heilens. Wenn Sie sich entsprechende Gongs zulegen, so lassen Sie sich vom Verkäufer die kosmische Gestimmtheit nachweisen. Besorgen Sie sich gleich einen passenden Klöppel mit. Schaffen Sie sich einen Gong für jenen Klang-Archetyp an, der Ihnen derzeit am wichtigsten ist. Denken Sie daran: Wenn Sie den Gong ins Haus bringen, zieht der Klang-Archetyp mit ein! Empfehlenswert ist der Erdentag-Gong für all jene, die mehr Energie benötigen, der Erdenjahr-Gong ist für alle unter Ihnen ein famoser Einstieg, die nervös und gereizt beziehungsweise im Streß sind. Hängen Sie den Gong beispielsweise an einen stabilen Haken unter die Zimmerdecke, so daß er mit seiner Mitte etwa in Herzhöhe hängt.

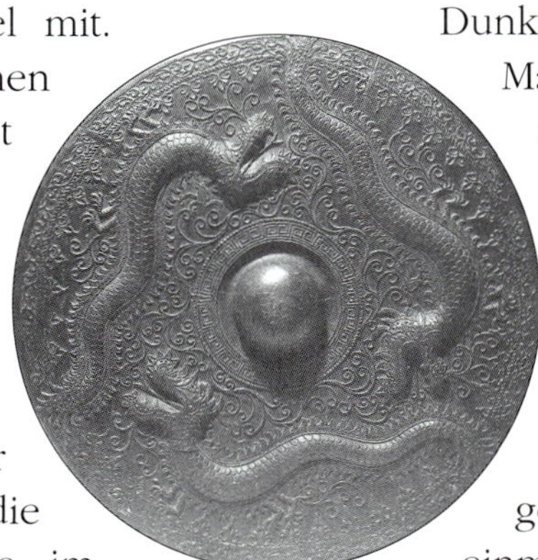

Zur Einleitung dieses Kapitels möchte ich Ihnen einiges an grundlegendem Wissen zu diesem uralten und zugleich hochmodernen Instrument darstellen: Die Herkunft des Gongs verliert sich im Dunkel der menschlichen Kulturgeschichte. Man meint allerdings Hinweise gefunden zu haben, daß dieses Instrument im Laufe der Bronzezeit entdeckt worden ist. Mag sein, daß einem unserer Vorfahren eine kreisförmige Schmelze entgegenfiel, die er dann interessiert beklopfte, wobei er plötzlich seltsame und nie zuvor gehörte Klänge vernahm. Kreativ wie Menschen nun einmal sind, wird es nicht schwer gefallen sein, aus diesen Erfahrungen allmählich ein Instrument zu formen. Diese Momente dürften nach gängiger Forschung vor etwa 5500 Jahren stattgefunden haben. Der Gong verbreitete sich im asiatischen Raum, primär in China, Assam, Burma und im indonesischen Kulturkreis Java, aus dem auch die Bezeichnung »Gong« stammt.

Schon immer war der Klang des Gongs von einem geradezu magischen Zauber umgeben. Gong-Hersteller sollen mit Geistern und den Seelen der Toten eng in Verbindung stehen, glaubten die Naturvölker. Gongschmiede waren nicht nur hervorragende Handwerker, sondern Schamanen zugleich. Sie mußten nicht nur für sich selbst Schutzvorkehrungen treffen, sondern oftmals auch für die Brauchbarkeit des Gongs selbst gerade stehen. Es hätte fatale Folgen gehabt, wenn durch unsachgemäße Arbeit ein niederer Geist in einen neuen Gong »eingefahren« wäre. Eine wichtige Funktion der Gongs war das Vertreiben böser Geister durch anhaltenden Lärm.

Auch in unserem Kulturkreis gibt es ähnliche Zusammenhänge beim Herstellen eines Gongs. Der Gong wird durch ausgiebiges Erhitzen und Hämmern aus geeignetem Blech zwischen Amboß und Feuer geformt. Ob er will oder nicht: Der Gongschmied graviert während der Arbeit seine eigenen Persönlichkeitsstrukturen in das Instrument ein. Der Klang des Gongs gibt dem kundigen Hörer Auskunft über den Seelenzustand des Schmiedes, wie ein Graphologe aus dem Schriftbild eines Menschen zu lesen versteht. So erzählte mir ein erfahrener Gongschmied, daß es für ihn absolut unmöglich sei, in schlechter gesundheitlicher Verfassung zu arbeiten. Das Ende vom Lied wäre ein unvollkommenes Instrument.

Therapeutische Verwendung fand der Gong nach der Einführung in unseren Kulturkreis durch die Musik bei Hugo Kückelhaus dem großen »Organ-Pädagogen« unseres Jahrhunderts. Er benutzte Gongs als festen Bestandteil in seinem therapeutischen Programm, um die Qualität dehnender oder zusammenziehender, drückender oder saugender Klänge an eigenem Leib erfahren zu können.

Manche Gongs wühlen auf, andere glätten die aufgewühlte Psyche, wiederum andere scheinen den Beschallten in eine warme und leuchtende Hülle zu kleiden. Gongklänge haben auch eine nachweislich tief entspannende Wirkung auf verhärtete Gewebe.

Eine kleine Gong-Meditation

Verwenden Sie die folgende Übung für Ihre erste Begegnung mit einem Gong des Erdenjahres. Sie basiert auf einer oft erprobten und bewährten Einstiegsübung von Jens Zygar. Trainieren Sie damit langsam und kontinuierlich Ihre Wahrnehmung. Stellen Sie sich vor den so herrlich in archaischen Farben strahlenden Gong, halten Sie den Klöppel in Ihrer Hand:

Die Augen sind geschlossen. Du spürst den Atem, spürst, wie er kommt und geht. Du stehst aufrecht. Deine Aufmerksamkeit wandert in den Bereich des Hörens, und du empfindest ihn vom Atem berührt. Mit deinem Körpergefühl begibst du dich in dein intuitiv empfundenes Zentrum und richtest deine Aufmerksamkeit auf die Geräusche und Töne im Raum.

Nachdem du die Geräusche geortet hast, lasse die Aufmerksamkeit von Geräusch zu Geräusch springen, verweile spielerisch hier oder da.

Mit dermaßen geschärften Sinnen schlage den Gong einmal leicht in seiner Mitte an. Lausche dem entstehenden Klang, wie er aus großer Tiefe aufkommt und durch dich hindurchrast und sich in der Unendlichkeit des Raumes wieder verliert.

Wiederhole diesen Vorgang, und variiere dabei die Stärke deines Anschlages und die Abstände der einzelnen Anschläge. Laß gigantische Klangwogen entstehen, schaffe sich überschlagende Wellen aus unendlichen Tönen, schaffe leise streichelnde Klangwellen, und laß wieder Ruhe einkehren. Atme diese Klangströme tief in dein Herzzentrum ein, laß sie dich ganz und gar erfüllen.

Beende die Übung wann immer du willst. Verabschiede dich von deinem Gong und dem Klang-Archetypen, der durch den Gong dein Wesen berührt hat.

Was haben Sie empfunden, als Sie den Gong zum Erklingen gebracht haben?

____

____

____

____

____

____

Halten Sie diese außerordentlichen Empfindungen in einem Mandala fest (Vorlage S. 151.)

Oft spürt man die Wirkungen der Gongklänge erst Stunden später, wenn die Resonanzen Verhärtungen in der Tiefe des Organismus langsam ins Fließen bringen. Es kann sein, daß Sie sich am Morgen nach einer solchen Klangdusche wie nach schwerer körperlicher Arbeit fühlen und regelrechten Muskel-

Malen Sie Ihr Mandala der Klangwogen …

kater haben. Sollten Sie organisch belastet sein, so seien Sie vorsichtig mit sich. Die Macht der Gongklänge ist vielleicht deutlich größer als Sie denken mögen. Fragen Sie gegebenenfalls Ihren Arzt, und seien Sie besonders behutsam, wenn Sie »total geladen« sind und mit dem Gong des Erdentages experimentieren.

Haben Sie einige Zeit nach der Gongmeditation irgendwelche auffälligen Empfindungen, innere Bilder oder körperliche Symptome gespürt?

____

____

____

____

____

____

____

Generell können weitere Gongs hervorragend in die oben geschilderte Meditation integriert werden. Sie können aber auch speziell zur Klang-Archetypen-zentrierten Chakra-Therapie benutzt werden.

Arbeit mit kosmisch gestimmten Klangschalen

Im Zentrum des Kreises
wird der Klang geboren!
Anneke Huyser

Eine wunderbare Klangquelle – ebenfalls mit einer verschwenderischen Fülle von Obertönen daherkommend – sind die Klangschalen. Wenig wissen wir über ihre Herkunft. Waren diese Schalen altes Kultgerät, Eßgeschirr von tibetanischen Mönchen, Musikinstrumente oder vor allem etwas?

Klangschalen unterscheiden sich in Gewicht und Größe, Farbe und Klang. Zumeist sind sie aus Messing hergestellt. Achten Sie darauf, auf welchen Grundton die Klangschalen gestimmt sind und darauf, wie »sauber« sie klingen. Der Klang hängt von der Art der Metallmischung, der Wanddicke und vergleichbaren Eigenschaften ab. Wie beim Gong ist auch hier jedes Stück ein Unikat mit einem ganz persönlichen Klang.

Auch mittels einer solchen Klangschale können Sie Chladnische Figuren erzeugen, denn auch ihre Wirkung ist extrem klangformend.

Sie können eine Klangschale mit einem geeigneten Klöppel kurz unter dem Rand anschlagen. Es entsteht ein prachtvoller Klang. Streichen Sie danach mit dem Klöppel am Rand der Schale entlang, so entsteht ein unbeschreiblich eindrucksvoller schwebender Klang, ein ganzer Regen von Obertönen erschallt und verliert sich nach und nach in der Unendlichkeit des Raumes.

Sie können diese Klangschalen dazu benutzen, um sich kosmisch einzustimmen und ein Meditationsritual einzuleiten.

Idealerweise können kleine Klangschalen auch direkt auf ein Chakra gesetzt werden und dort starke Schwingungsfelder übertragen. Für eine Behandlung des zweiten, dritten und vierten Chakras ist dies ideal. Im Anusbereich ist eine solche Anwendung eher schwierig, im Kopfbereich ist dieser Klang oft extrem stark und wird als unangenehm empfunden.

Meditation

Im folgenden schlage ich eine Herzmeditation vor, weil Herzerkrankungen, Infarkte und damit verbundene Todesfälle in den letzten Jahren so zugenommen haben, daß dieser Ort unbedingt der lichten Behandlung bedarf. Für diese Meditation brauchen Sie eine Klangschale, die auf das Erdenjahr und damit auf CIS gestimmt ist.

Vorsicht: Falls Sie einen Herzschrittmacher tragen, sollten Sie von allen Herzübungen Abstand nehmen, da die Resonanzphänomene, die in Wechselwirkung zwischen Schrittmacher und Klangschale entstehen können, nicht abzuschätzen sind.

Arrangiere ein beruhigendes Umfeld, und nimm dir etwa 30 Minuten Zeit. Verwende unterstützend den Klangteppich des Stückes »Blue Greens« von der CD Klänge des Lebens.

Zünde eine schöne Kerze an, setz dich im Meditationssitz davor, und laß das Licht auf dich wirken. Atme bewußt das Licht der Kerze in dein Herz-Chakra ein, laß es in deinem Inneren größer und größer werden und dich ganz und gar erfüllen. Mit jedem Atemzug bringst Du mehr Licht in deinen Körper.

Mit jedem Atemzug läßt du die Hektik des Alltags mehr los, und mit jedem Atemzug erfüllt dich mehr Ruhe und Geborgenheit.

Nimm nun deine funkelnde Klangschale zur Hand. Das Kerzenlicht spiegelt sich golden in ihr. Schlag die Schale an, und streiche mit dem Klöppel langsam und sanft um den Schalenrand, so daß leicht und schwebend – wie aus dem Nichts heraus – der Klang des Erdenjahres entsteht und mit einer Wolke aus Obertönen den Raum erfüllt.

Lausche diesem Klang aufmerksam nach, spüre seine Vibrationen in deinen Händen und Armen,

Malen Sie Ihr Mandala der Herzmeditation …

höre den Klang mit seiner unendlichen Flut an Obertönen. Atme ihn in dein Herz-Chakra hinein. Laß dir soviel Zeit für den Klang, wie du möchtest. Spüre nach, wie diese Woge aus Licht und Klang dein Herzzentrum auf tiefster Ebene harmonisiert und entspannt.

Spüre, wie dadurch Energien ins Fließen kommen und dieses Zentrum in dir mit neuen Lebenskräften erfüllt. Solltest du innere Spannungszustände spüren, so versuche behutsam, diese anzunehmen und mit jedem Ausatmen, mehr und mehr loszulassen. Du wirst nach einer Weile spüren, wie sich diese Spannungen zunehmend auflösen.

Sehr schön ist es auch, zu dieser Übung in Tonhöhe des Klanges das OM zu singen. Auf diese Weise verankerst du die Kraft des Erdenjahres noch stärker in deinen bewußten und unbewußten Schichten – und mit jeder Übung auch mehr im Körper. Beende diese kraftgebende Übung nach spätestens 30 Minuten, und laß dir Zeit in den Alltag einzusteigen.

Was haben Sie bei der Übung empfunden?

Malen Sie auch zu diesem Klangexperiment ein prachtvolles Mandala. (Vorlage S.155)

Probieren Sie eigene Variationen aus. Gerade zur Therapie der Chakren sind die Klangschalen besonders geeignet. Dabei sollten Sie den momentanen energetischen Zustand der Chakren kennen. Dafür eignen sich Methoden zur Einschätzung dieses Zustandes. Haben Sie einen Pendel aus Messing oder aus Bergkristall? Dann lassen Sie uns ans Werk gehen. Sollten Sie keinen Pendel zur Hand haben, können Sie selbst ein einfaches Modell bauen. Wie, das erfahren Sie im nächsten Kapitel.

Chakrendiagnose mit dem Pendel

Möchten Sie selbst auf die Schnelle ein Pendel herstellen, benötigen Sie dazu einen stabilen Faden von etwa 40 Zentimeter Länge und einen einfachen Ring. Im äußersten Notfall tut es auch der Ring eines Schlüsselbundes für erste Experimente oder ein Fingerring. Ziehen Sie den Faden durch den Ring, und verknoten Sie die beiden Enden, so daß der Ring an dem Doppelfaden frei pendeln kann. Die folgende Diagnosemethode zur Messung der Chakra-Aktivität habe ich von Barbara Ann Brennan gelernt.[52]

Halten Sie den Pendel über ein gesundes, offenes Chakra, so kreist er im Uhrzeigersinn über dem Energiezentrum. Eine Rotation gegen den Uhrzeigersinn bedeutet eine deutliche Störung im Bereich des Chakras: Es ist in seiner Aktivität blockiert.

Den Energiezustand des Chakras insgesamt zeigt das Pendel durch die Weitläufigkeit seiner Rotation an. Vom Durchmesser des Pendelkreises können Sie jedoch keine Rückschlüsse auf die Größe des Chakras ziehen. Der Durchmesser hängt ab vom

- Energiezustand des Therapeuten,
- Energiezustand des Klienten und
- vom Pendel selbst.

Wenn die Energie der Beteiligten schwach ist, erscheinen alle Chakren »klein«, umgekehrt erscheinen alle Chakren groß.

Die Tabelle auf Seite 159 vermittelt Ihnen einen Überblick über wichtige Zustände eines Chakras und die zugehörigen Pendelfiguren nach Brennan:

Wenn Sie mit dem Chakrensystem Ihres Partners oder Klienten arbeiten, sind die in Tabelle 6 abgebildeten Pendelfiguren eine unschätzbare Hilfe zur Orientierung. Sie sind jeweils aus der Sicht des Therapeuten aufgezeichnet.[53] Allgemein weist jede Bewegung des Pendels auf einen Zustand zwischen den Extremen der vollkommenen Offenheit (Drehung im Uhrzeigersinn) und der Geschlossenheit (Drehung gegen den Uhrzeigersinn) hin. Der geschlossene Zustand bedeutet, daß die uns umgebenden Energien nicht *in* das Chakra hineinfließen, sondern daß Energie aus dem Körper herausfließt.

Ein ruhendes Pendel verweist auf ein blockiertes Chakra. Hält der Zustand länger an, können Krankheiten die Folge sein.

Bedenken Sie auch, daß der Zustand der Chakren auf energetische Veranlagungen körperlicher und seelischer Art verweist. Den Zuständen eines Chakras lassen sich organische und psychische Symptombilder zuordnen. Die klärende und heilende Arbeit an den Chakren führt umgekehrt direkt zur Heilung auf der Ebene des Körpers und der Ebene der Psyche.

Während der Chakrenarbeit geht ein Chakra oft über verschiedene Zustände chaotischer Aktivität in den offenen Zustand über. Nach einer begrenzten Zeitspanne fällt es allerdings wieder über Zwischenstufen in die alte Störung zurück. Mit jedem regelmäßig und konsequent durchgeführten Therapieansatz wird das Chakra etwas länger geöffnet bleiben. Typisch ist auch, daß eine Öffnung eines Chakras mit der Bewußtwerdung tiefer Gefühle einhergeht. So sehen wir hier stets den ganzheitlichen Zusammenhang.

Arbeiten wir mit kosmisch gestimmten Instrumenten, Farb- oder Lichtquellen, so können wir im Ein-Klang mit den Klang-Archetypen den Organismus langsam und konsequent in seine kosmische Einstimmung zurückbringen. Wie Sie bereits wissen: Das Arbeiten mit Ur-Tönen schafft neues Ur-Vertrauen. Was in diesen Zeilen angerissen wird, ist ein Fragment einer komplexen Therapieform, die Elemente der Psychotherapie mit Energiearbeit, dem Wissen um die Körperaura und um energetische Abwehrstrategien verbindet. Interessierten sei-

Rotation	Beschreibung	Diagnose
	Rotation im Uhrzeigersinn	Chakra ist offen und harmonisch
	Rotation gegen Uhrzeigersinn	Chakra arbeitet unharmonisch und ist geschlossen
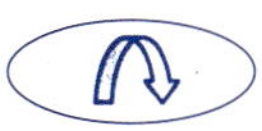	Ellipse im Uhrzeigersinn	Chakra ist offen, aber der energetische Austausch mit anderen wird unterdrückt
	Ellipse gegen Uhrzeigersinn	Chakra ist blockiert, aber der energetische Austausch mit anderen Chakren wird unterdrückt
•	keine Rotation	Chakra arbeitet gar nicht. Die Folge sind organische Erkrankungen.
	elliptische Rotation im Uhrzeigersinn	Klient macht tiefe Veränderungen in dem von diesem Chakra gesteuerten Bereich durch: das typische Therapiebild — kreatives Chaos

en dazu die Bücher von Barbara Ann Brennan, John Pierrakos und Karl Spiesberger ans Herz gelegt.

Wenn Sie mit solchen Meßmethoden arbeiten, empfiehlt es sich dringend, eine Protokollmappe für sich oder für Ihre Klienten anzulegen. Gründlichkeit zahlt sich schnell aus.

Diese Informationen rufen geradezu nach praktischen Experimenten. Die Schwierigkeit liegt aber in der kosmisch gestimmten Resonanzquelle, um die Chakren mit den Energiefeldern der Klang-Archetypen praktisch und gezielt in Kontakt zu bringen. Darum seien vorher noch kurz die kosmisch gestimmten Stimmgabeln beschrieben.

Kosmisch gestimmte Stimmgabeln

Für therapeutisches Arbeiten im Bereich der Chakren und der Akupunktur empfehlen sich Stimmgabeln ganz besonders.

Generell faßt man eine Stimmgabeln am Griff an, schlägt sie mit den äußeren Enden an einem nicht zu harten Gegenstand an, z.B. am Handballen. Dann halten Sie den unteren Kopf des Griffes auf oder knapp über das Chakra oder den Akupunkturpunkt. Achten Sie darauf, daß Sie die angeschlagene Stimmgabel nicht im Bereich des u-förmigen Schwingkörpers berühren. Dies würde den Ton sofort verstummen lassen.

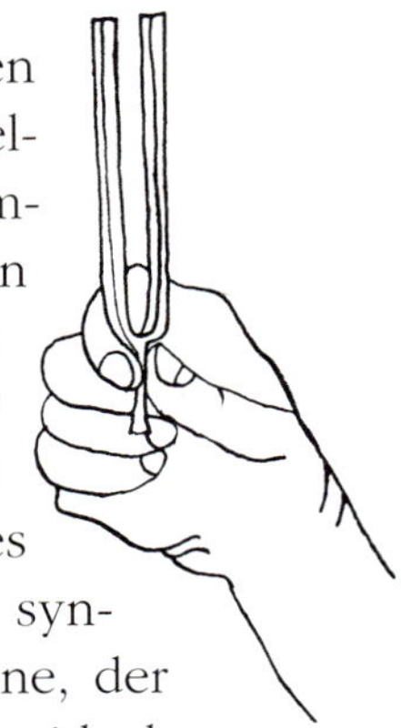

Für die Chakren-Anwendungen gibt es ein spezielles Stimmgabel-Chakren-Set mit sieben Stimmgabeln. In diesem Set sind alle in diesem Buch besprochenen Klänge samt des Sonnenklang-Archetyps enthalten, außerdem den Ton des Erdentages, des Erdenjahres, des platonischen Erdenjahres, des synodischen Mondumlaufes, der Sonne, der Venus und des Merkurs. Es ist die ideale Grundausstattung für alle weiteren Versuche.´

Lassen Sie uns eine Übung mit der CIS-Stimmgabel zum Erdenjahr machen, um etwas von der tiefgreifenden Wirkung dieses musikalischen Mediums zu erfahren.

Legen Sie das Stück »Blue Greens« von der CD Klänge des Lebens oder eine andere auf das Erdenjahr gestimmte Produktion ein. Legen Sie sich bequem hin.

Laß die Musik deinen Körper erfüllen, spür deine Atmung, wie der Atem kommt und wie er geht, Ursymbol der Existenz in der polaren Welt. Spür, wie deine Energien langsam zu fließen beginnen. Laß dir Zeit, und stimme dich auf den Klang ein.

Halte die Stimmgabel als Rechtshänder mit der

Malen Sie Ihr Herz-Mandala …

rechten, als Linkshänder mit der linken Hand. Wenn es für dich stimmt, schlägst du die Stimmgabel am Handballen der gegenüberliegenden Hand an und setzt den Fuß der Gabel auf das Brustbein in Höhe des Herz-Chakras auf.

Spüre diese durch und durch gehende Vibration; spüre den Klangwellen nach, wie sie tiefer und tiefer fließen und wie sich sofort ein spannungslösender Effekt einstellt.

Spüre, wie der Klang schwächer und schwächer wird, wie er langsam in dir verhallt. Lausche ihm nach, selbst bei einer kleinen Stimmgabel ist er unter günstigen Umständen bei gut trainiertem Gespür mehrere Minuten wahrnehmbar.

Schlage die Stimmgabel mehrfach an, und wiederhole diese Abfolge sooft du magst. Laß alle Körperreaktionen zu. Oft stellen sich leichte Zuckungen oder befreiender Hustenreiz ein. Laß diese spannungslösenden Erscheinungen zu.

Beende die Übung schließlich, und komm zurück ins Hier und Jetzt.

Was haben Sie empfunden? Wie hat der Klang an bzw. in Ihnen gearbeitet?

Malen Sie ein Mandala (Vorlage S. 161) zu diesem Klangerlebnis.

Energiebestimmung mit dem Egely-Wheel

Die Heilübungen mit den Klang-Archetypen haben einen stark energetisierenden Effekt, der bei den Klang-Archetypen des Erdentages und des synodischen Mondumlaufes am stärksten ausgeprägt ist. Eine Schwierigkeit dabei ist es, ein zuverlässiges Meßverfahren für das Energieniveau anzuwenden. Seit einigen Jahren gibt es ein kleines und extrem nützliches Gerät, das sogenannte Egely-Wheel oder einfach auch Vitalitätsrad genannt. Es reagiert auf das Energiefeld des Körpers und veranschaulicht die Meßwerte akustisch und visuell. Dies klingt zunächst unglaublich, aber nach einiger Zeit erhalten Sie schnell brauchbare und zuverlässige Ergebnisse.

Ich empfehle Ihnen, in der therapeutischen Behandlung zur Kontrolle das Energieniveau des Klienten jeweils vor- und nach der Behandlung zu messen, zu notieren und auch dem Klienten zu zeigen. In der Regel erhöht sich das Energieniveau im Zuge der Behandlung langsam, aber stetig, und es ist auch psychologisch äußerst motivierend, diesen Aufbauprozeß mit eigenen Augen sehen zu können.

Messen Sie dazu den Energiewert immer an der gleichen Körperstelle, z.B. an der Hand. Bitten Sie den Klienten, vor bzw. nach der Übung seine rechte oder linke Hand um die Vorderseite des Gerätes zu halten (siehe Abbildung), und protokollieren Sie den höchsten Meßwert, der von einer Leuchtdiode dauerhaft angezeigt wird.

Achten Sie auch darauf, wie schnell der Meßwert abfällt. Es gibt Menschen, die recht hohe Energiewerte zeigen, die aber sehr schnell abfallen, und es gibt Menschen, die beständig ein solides Energieniveau halten.

Wenn Sie weitere Experimente machen wollen, versuchen Sie, die direkte Chakra-Aktivität zu messen. Nach meinen Erfahrungen sind dort allerdings die Pendelmeßwerte wesentlich genauer und einfacher zu ermitteln.

Wie dem auch sei: Das Egely-Wheel findet zunehmend Beachtung in der therapeutischen Welt der energetischen Medizin, und Sie können von den klaren Aussagen nur profitieren. Es empfiehlt sich auch hier, für jeden Klienten eine Mappe mit Meßprotokollen anzulegen, um den Trend nach mehreren Behandlungen zu erkennen.

Eine kosmisch gestimmte Therapie

Ich möchte Ihnen eine nachvollziehbare Therapie schildern, die Sie zunächst mit Freunden und Bekannten und danach mit Klienten ausprobieren können. Sie macht Sie vertraut mit den energetischen Wirkprinzipien der Chakren und deren Diagnose. Versuchen Sie zwei Sequenzen auszuarbeiten:

1. die auf die Erde gestimmte Behandlung des Wurzel-, Herz-, und Scheitel-Chakras und
2. die universale Behandlung aller sieben Hauptchakren.

Sie benötigen dazu einen Fadenpendel, Papier und Stifte, einen ruhigen warmen Platz zum Liegen sowie entsprechende kosmisch gestimmte Resonanzquellen, z.B. Gongs oder Klangschalen, entsprechendes Licht, Anleitungen zur Visualisierung von farbigem Licht sowie möglichst große, kosmisch gestimmte Stimmgabeln. (Die Faustregel heißt: Je größer die Stimmgabel, desto länger hält der Ton an.)

Ihr Klient sollte möglichst leichte, farbneutrale Kleidung tragen, beispielsweise ein weißes T-Shirt und eine weiße Jogging-Hose. Der Idealfall wäre, wenn er oder sie sich völlig entkleiden könnte. Der Grund ist einfach: Farbige Kleidung schafft störende, schwer interpretierbare Resonanzen. Decken Sie ihren Klienten dann idealerweise mit einem feinen weißen Seiden- oder Leinentuch zu, und achten Sie darauf, daß er nicht friert.

Sorgen Sie auf alle Fälle für eine Atmosphäre des gegenseitigen Einstimmens und Vertrauens. Ohne Vertrauen funktioniert hier gar nichts.

Der Klient sollte auf dem Rücken liegen. Sorgen Sie dafür, daß er sich entspannen kann. Führen Sie ihn mit seiner Aufmerksamkeit zum Kommen und Gehen des Atems. Mit jedem Atemzug wird die Ruhe und das Wohlgefühl größer, bleibt die Alltagswelt zurück.

Klären Sie Ihr Bewußtsein, atmen Sie 10 mal tief ein und aus, und seien Sie bereit für die Behandlung.

Streichen Sie mit Ihren Händen im Uhrzeigersinn 3mal in etwa 30 Zentimeter Höhe über den Körper des Klienten. Nehmen Sie dadurch energetischen Kontakt mit ihm auf.

Pendeln Sie danach die sieben Chakren aus. Vorsicht ist beim Auspendeln des Wurzel-Chakras geboten. In dieser sensiblen Region können kleine Berührungen oft mißverstanden werden.

Notieren Sie sich die energetischen Zustände der Chakren des Klienten. Gibt es Auffälligkeiten? Gibt es inaktive oder im Gegensatz dazu völlig frei schwingende Chakren?

Name:			Beginn der Behandlung:	Behandlungsnr:	
Bemerkungen:			Datum:		
Chakra	Pendeldiagnose	Egely-Wert	Chakra	Pendeldiagnose	Egely-Wert
Scheitel			Scheitel		
Stirn			Stirn		
Kehlkopf			Kehlkopf		
Herz			Herz		
Solarplexus			Solarplexus		
Nabel			Nabel		
Wurzel			Wurzel		

Messen Sie mit dem Egely-Wheel den gesamten Energiezustand des Klienten. Gibt es hierbei Auffälligkeiten?

Notieren Sie alles Wichtige. Beachten Sie auch stets Ihre eigenen Reaktionen auf ungewöhnliche Ergebnisse.

Danach sollten Sie mit der erdgestimmten Übung beginnen und die drei Erdchakren einstimmen. Das könnte z.B. durch eine Visualisierungsübung nach dem Schema der tief-violetten Meditation auf die Klang-Archetypen der Erde geschehen, wie auf Seite 109 beschrieben.

Wenn Sie können, unterstützen Sie die dort beschriebene Übung durch die Anwendung entsprechender Gongs, Klangschalen oder Stimmgabeln. Je intensiver die Resonanzfelder sind, desto tiefgreifender und eindrucksvoller sind auch die Wirkungen. Das bedeutet aber kein Je-stärker-desto-Besser. Seien Sie sich der therapeutischen Beziehung zwischen Ihnen, den Klang-Archetypen und dem Klienten bewußt, und gehen Sie mit behutsamer Verantwortung damit um.

So können Sie die angeschlagene Stimmgabel mit dem unteren Ende des Griffes genau auf die Region des entsprechenden Chakras halten, ebenso können Sie auch berührungsfrei im Abstand von rund einem Zentimeter arbeiten.

Messen Sie nach dieser Übung die Aktivität der Chakren, notieren und vergleichen Sie diese mit den Ergebnissen vor der Behandlung. Sie werden nahezu immer drastische Fortschritte in Richtung einer tiefgreifenden energetischen Harmonisierung feststellen, die allerdings unterschiedlich lange anhalten.

Beenden Sie die Behandlung durch das Wiederholen der »energetischen Kontaktzeremonie«: Streichen Sie mit Ihren Händen im Uhrzeigersinn wiederholt in etwa 30 Zentimeter Höhe über den Körper des Klienten. Nehmen Sie dadurch energetischen Kontakt mit ihm auf, und verabschieden Sie sich von seinem harmonisierten Energiefeld. Wiederholen Sie die Messungen des Energiezustandes von Chakren und Körper. Beenden Sie danach in Ruhe die Behandlung.

Wiederholen Sie diese Anwendungen regelmäßig, und Sie werden feststellen, daß ihre Wirkung immer länger anhält und die Genesung des Klienten voranschreitet. Diese Genesung wird naturgemäß mit dem In-Fluß-Bringen gestauter Emotionen und Gedanken einhergehen. Ermuntern Sie Ihren Klienten, seine Erfahrungen nach der Übung zu malen. So werden Sie und er das Fortschreiten dieser tiefgreifenden Harmonisierung noch bewußter erleben.

Erst nach mehrmaligem Durchführen dieser Übungen sollten Sie auch das lunar gestimmte Nabel-Chakra durch Anwendung des Klang-Archetyps des synodischen Mondumlaufes sowie das Solarplexus-, Kehlkopf- und Stirn-Chakra durch Anwendung des Klang-Archetyps der Sonne, des Merkur und der Venus in die Übung einbauen. Diese Zuordnungen, die schon Hans Cousto vorgeschlagen hatte, haben sich in der Praxis vielfältig bewährt.

Farbe	Klang-Archetyp	Frequenz	Chakra
	Sonne	126,22 Hz	Solarplexus-Chakra
	Merkur	141,27 Hz	Kehlkopf-Chakra
	Venus	221,23 Hz	Stirn-Chakra

Eine kosmisch gestimmte Akupunktur

Die chinesische Heilkunst der Akupunktur hat auch im westlichen Kulturkreis zunehmend an Bedeutung gewonnen. Ihre Wurzeln liegen im taoistischen Kulturgut, basierend auf Lao Tse und den Schriften des Huang Di Nei Jing. Der Akupunktur liegt ein faszinierendes komplexes Diagnosesystem zugrunde, das die menschliche Existenz in der Welt als Wechselspiel der polaren Gegensätze von Yin und Yang, den beiden Urpolaritäten des Tao begreift. Danach wird der Mensch fest in das natürliche Umfeld mit seinen fünf Elementen, seinen Wandlungsphasen und den vier Jahreszeiten eingebettet.

Der freie Fluß dieses energetischen Wechselspiels im Ein-Klang mit dem Kosmos führt zu Harmonie und Gesundheit. Störung des freien Flusses erzeugt Krankheit. Das Wechselspiel von Yin und Yang erzeugt die Lebensenergie Qi, deren Existenz nur aus ihren Wirkungen erfahren werden kann. Das Körpergeschehen ist mithin Abbild energetischer Prozesse.

Qi fließt in energetischen Bahnen, den sogenannten Meridianen, durch den Organismus. Die Meridiane weisen eine Anzahl von Energiepunkten auf, deren Reizung direkten Einfluß auf das energetische Geschehen des Meri-

Yin (die Schattenseite des Hügels)	Yang (die Sonnenseite des Hügels)
Qualitäten	**Qualitäten**
dunkel	hell
kalt	warm
passiv	aktiv
unten	oben
innen	außen
Nacht	Tag
Winter	Sommer
Brust	Rücken

dians und der ihm zugeordneten Organbereiche hat. Sie sind auch der Ansatzpunkt der Akupunktur. Zhen Jiu, der chinesische Name für Akupunktur, bedeutet eigentlich »Stechen«, zielt also auf die Nadel-Akupunktur hin, die mit ihrem Gegenpart in Gestalt der Moxibustion, dem Abbrennen von Beifuß-Kegeln, die traditionelle Akupunktur ausmacht. »Genadelt« oder »gemoxt« werden die sogenannten Akupunkturpunkte, besagte Energiepunkte, die auf den Meridianen liegen. Während die Nadelungen tonisierend, d.h. energiestimulierend wirken, so wirkt die Moxibustion tendenziell eher sedierend, also energiedämpfend.

Besondere Kenntnisse sind bei der Ortung der Punkte erforderlich. Generell werden die Akupunkturpunkte anhand von anatomischen Auffälligkeiten, wie z.B. Augenbrauen, Wirbel, Nabel, Haarlinien, und an bestimmten Körperstellen lokalisiert.

Es gibt 12 Hauptmeridiane, die in drei Meridianumläufen angeordnet sind. Dazu kommen noch zwei wichtige Meridiane an der Vorder- und Rückseite des Körpers. Die Akupunkturpunkte befinden sich ausschließlich auf den Meridianen.

Yin-Meridiane	Yang-Meridiane
Lunge	Dickdarm
Milz	Magen
Herz	Dünndarm
Niere	Blase
Pericard	Dreifacher Erwärmer
Leber	Gallenblase
Ren-Mai	Du-Mai

So wie Yin und Yang ständig einander in einem dynamischen Wechselspiel bedingen, so ist auch das Qi unaufhörlich in Bewegung. Qi ist die bewegende Energie. Der Mensch ist letztlich eine verdichtete Form von Qi. Mit diesen Ansichten steht die Akupunktur mit modernsten physikalischen Erkenntnissen im Einklang.

Ein weiterer Schlüssel zum Verständnis sind die fünf Wandlungsphasen. Dieses Konzept dient zur Beschreibung phasisch ablaufender Vorgänge. Die Wandlungsphasen werden durch die fünf Elemente Holz, Feuer, Erde, Metall und Wasser repräsentiert. Sie stehen in einer komplexen Beziehung des gegenseitigen Hervorbringens, Förderns, wie auch der Hemmung bzw. der Kontrolle. Den Elementen werden Organe, Emotionen, Entwicklungsstufen und Farben und Jahreszeiten zugeordnet. (Besonders empfehlen möchte ich zu diesem Thema die Bücher von Ted J. Kaptchuk und Heinrich Koch/Sonja Kupka.

Nach der chinesischen Vorstellung beruhen die meisten Erkrankungen auf Störungen im harmonischen Fließen des Qi. Die Behandlung der Akupunkturpunkte dient dem Ziel, gestaute Energie zu lösen, leere Qi-Systeme zu füllen, zu volle Qi-Systeme entsprechend zu leeren.

Soviel zur allgemeinen Grundlage. Selbst die heutige Schulmedizin hat erkannt, daß die Akupunktur ein hochkomplexes Heil- und Diagnosesystem mit erstaunlichem Heilungspotential ist. Sie ist eine energetische Medizin, denn sie behandelt Störungen der Gesundheit auf der grundlegenden Energieebene der Existenz.[54]

Die Akupunktur im üblichen Sinne kennen Sie vielleicht durch das besagte Nadeln, eine oftmals unangenehme Sache.

Westliche Ansätze der letzten Jahre haben sich damit beschäftigt, eine Punktur mit Klang oder Licht durchzuführen. Dazu finden unter anderem besonderen Lichtleitertechniken Verwendung, die farbiges Licht auf die Punkte leiten. Grundlagenarbeit ist hier von Peter Mandel geleistet worden.[55]

Die Klang-Archetypen lassen sich am besten über die Stimmgabeln auf die Akupunkturpunkte übertragen, wobei das Griffende, verbunden mit mehrfachem Anschlagen der Stimmgabel, etwa 5–15 Minuten auf die entsprechenden Punkte gehalten wird. Diese Technik nennt man Phonophorese, was eine Akupunktur mit Tonwellen meint.[56] Grundlagenarbeit auf diesem Gebiet wurde von dem französischen Arzt Jean Lamy [57] geleistet. Anregungen für die Anwendung der Phonophorese mit den Tönen der Klang-Archetypen geben Hans Cousto sowie die Heilpraktikerin Claudia Gilz, die diese Methode weiterentwickeln konnte und erfolgreich praktiziert.[58]

Allgemein formuliert stellen sich folgende neuartigen tonalen Sachverhalte dar:

- Eine generelle Tonisierung des Akupunkturpunktes erreichen Sie mit einer Erdentag-Stimmgabel (G).
- Eine generelle Sedierung erreichen Sie durch Anwendung einer Erdenjahr-Stimmgabel (CIS).

Akupunktur-punkt	Anwendung	Technik
Dickdarm 4	Kopf- und Zahnschmerz, Erkrankungen von Augen, Ohren, Nase, Erkältungen harmonisiert Qi und Blut	bei Schmerz: CIS zur Kräftigung: G
Magen 36	Migräne, Magenprobleme, Depression, Abgeschlagenheit, Hypotonie, Durchblutungsstörungen von Neumond bis Halbmond vormittags moxen, und der Körper wird gesünder	bei Schmerz: CIS zur Kräftigung: G
Pericard 6	Herz- und Magenerkrankungen, Erbrechen, Schlaflosigkeit, Depression, Gedächtnisstörungen	bei Schmerz: CIS zur Kräftigung: G bei Depression: F

- Das Flüssigkeitssystem des Organismus wird mit dem Klang-Archetyp des synodischen Mondumlaufes (GIS) beeinflußt.
- Die geistigen Dimensionen werden mit dem Klang-Archetyp des platonischen Erdenjahrs (F) therapiert.[59]

Klang-Archetyp	Ton	Einsatzbereich
Erdentag	G	allgemeine Tonisierung
synodischer Mondumlauf	GIS	Fl ssigkeitssystem
Erdenjahr	CIS	allgemeine Sedierung
platonisches Erdenjahr	F	geistiges System

Auf diese Weise kann man eine nadel- und moxafreien Akupunktur durchführen. Im folgenden Teil sollen einige wichtige Punkte und deren Behandlung aufgeführt werden. Bitte lesen Sie die genaue Position der Punkte im Anhang nach.

Vorsicht: Die Akupunktur ist eine komplexe Lehre, die einer gründlichen Ausbildung und langjähriger Erfahrung bedarf. Meine Ausführungen sollen dem Laien lediglich ein tieferes Verständnis für die Zusammenhänge vermitteln. Wenn Sie daheim eigene Erfahrungen sammeln wollen, so versuchen Sie es einmal mit einer Therapie der Punkte Dickdarm 4, Du-Mai 20 und Ren-Mai 17. Der erfahrene Therapeut findet neue Anregungen.

Klang-Archetypen in Ihrem Zuhause

Wichtig erscheint mir, daß Sie das Wissen um die Klang-Archetypen im Alltag verankern und bewußt halten. Neben festgelegten Meditationstagen fördern passende Einrichtungsgegenstände und kosmisch gestimmte Objekte in der Wohnung ein Leben im Ein-Klang mit den Planetenschwingungen. Der sensiblen Raumgestaltung wird ein immer größer werdender Stellenwert zugeordnet, und eine ganze Lehre beschäftigt sich bereits mit diesem Thema: Feng Shui [60]

Klangspiel

Im Eingangsbereich, gleich hinter der Tür könnte ein kosmisch gestimmtes Klangspiel jeden Besucher mit warmen, glockenhellen Klängen begrüßen und ihm eine segensreiche Resonanzwolke der Klang-Archetypen unseres Universums entgegenschicken. Die Klänge werden selbst nach vielen Jahren nicht langweilig, denn es sind nicht irgendwelche Klänge, es sind existenzielle Ur-Klänge. Sie stabilisieren auch den altbekannten »Haus-Segen«.

Salzkristallampe

Eine wunderschöne kosmisch gestimmte Beleuchtung bieten auch Salzkristallampen, deren Licht nahezu perfekt auf den Klang-Archetypen des Mondes gestimmt ist.

Wie wäre es, wenn Sie speziell Ihren Schlafraum entsprechend einstimmen? Ich habe dort auf meiner Fensterbank einige besonders schöne Flaschen gestellt, die mit den entsprechenden Resonanzfarben unserer Planeten gefüllt sind. Dazu habe ich schlicht Wasser mit Speisefarben gefärbt. Schön ist es, wenn das Sonnenlicht durch sie hindurchfällt und bunte Farbtupfer an die gegenüberliegende Wand projiziert.

Über dem Bett hängt ein wunderbarer auf das Erdenjahr gestimmter Gong mit 50 cm Durchmesser. Die meditative Wirkung seiner Klänge dient auch der Einleitung zu entspannenden Ritualen aller Art. Das Motiv auf der Tagesdecke des Bettes stellt eine Leiter zu den Sternen dar. Die Farben stehen im Ein-Klang mit den Resonanzfarben der irdischen Klang-Archetypen und jenem des Mondes. Eine Stereo-Anlage ermöglicht es, den ganzen

Raum in entsprechend kosmische Musik zu tauchen. In der Mitte des Raumes befinden sich auf einem kleinen blauen Tisch mit einem kosmisch gefärbten Seidentuch drei Klangschalen mit den Haupttönen G, CIS, und F nebst einigen Klöppeln. Manchmal öffne ich abends das Fenster, lasse das Sternenlicht herein, und spiele dazu auf den Klangschalen. Diese Beschäftigung erzeugt stets einen tiefen Frieden in mir. Vielleicht gefällt Ihnen die eine oder andere Anregung? Eine Familie, die an meinem Seminar teilgenommen hat, berichtete mir kürzlich, daß sie tatsächlich eine Menge große Bilder zu den jeweiligen Klang-Archetypen gemalt hat, die nun an den Wänden hängen und die ganze »Wohnung völlig verzaubert« haben. Lassen Sie Ihrer Kreativität freien Lauf …

Ihr kosmisch gestimmtes Bett

Besonders gelungen finde ich auch Coustos Idee, ein kosmisch gestimmtes Hängebett zu bauen, das jedes einfache Bett in einen Altar oder einen Kultplatz verwandelt.[61]

Wie können Sie Ihr Bett kosmisch einstimmen? Ganz einfach: In Gestalt eines Hängebettes, wobei die Länge der Aufhängungstaue oder -ketten den planetarischen Takt vorgibt. Diese Art der Aufhängung verwandelt das Bett in einen großen Pendel, und nun ist die Länge eines Pendels nur noch so zu bemessen, daß es entsprechend resoniert. Sie wissen ja, daß es eine der besonderen Eigenschaften eines Pendels ist, egal ob langsam oder schnell, immer im gleichen Takt zu schwingen. In der folgenden Tabelle finden Sie die Pendellängen für die Klang-Archetypen der Erde die nach dem Pendelgesetz berechnet werden:

Klang-Archetyp	Farbe	Pendellänge (abgerundete Werte)
Erdentag		173 cm/15. Oktave
Erdenjahr		352 cm/23. Oktave 88 cm/24. Oktave
platonisches Erdenjahr		220 cm/38. Oktave

Da einige Werte recht hohe Zimmer voraussetzen, ist nicht jede Wohnung für ein Hängebett geeignet. Denken Sie daran zu prüfen, ob die Zimmerdecke auch die nötige Tragfähigkeit aufweist. Vergessen Sie auch nicht, daß sich die Pendellänge Ihres Bettes aus der Summe der Länge der Aufhängeketten plus Höhe des Bettkastens ergibt.

Meine Lebensgefährtin und ich haben die Erfahrung gemacht, daß ein auf das platonische Erdenjahr gestimmte Bett ein absolut feierlicher Ort ist. Als Matratze haben wir einen etwa 10 cm dicken Futon in den Maßen 160 x 200 cm aufgelegt, und tagsüber deckt eine kostbare purpurfarbene Tagesdecke das Bett ab. Drumherum haben wir einige Pflanzen positioniert, und für die Beleuchtung sorgen japanische Reispapierlampen. Die positive Stimmungsänderung im Raum ist kaum in Worte zu fassen.

Das Material für das Bett können Sie für relativ wenig Geld im Baumarkt bekommen. Wir haben für unser Modell benötigt:

2 quadratische Längshölzer 220 cm lang, 6 cm dick
7 Bretter 180 x 25 x 1,8 cm
8 stabile Schraubhaken für 10er-Dübel
18 Meter Hanfseil mit 8mm Durchmesser und
28 kleine Holzschrauben, um die Querbretter auf die Längsträger zu schrauben.

Auch als therapeutische Liegefläche in der Praxis ist solch ein Ort ideal geeignet. Als Bauanregung mag

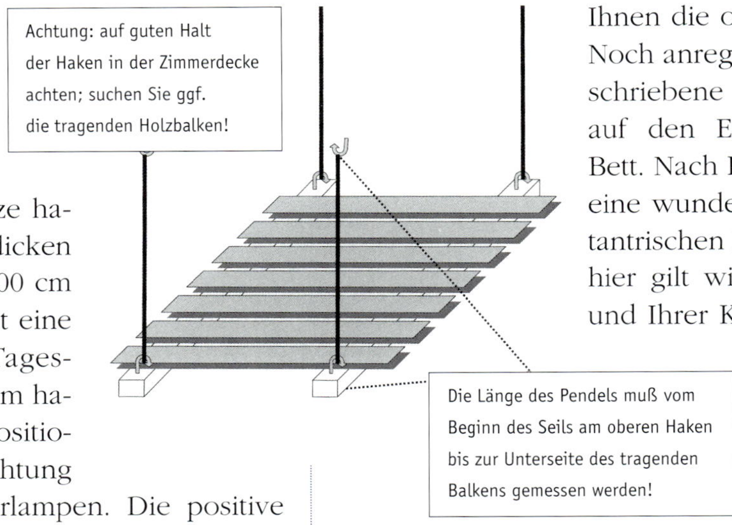

Ihnen die obige Skizze dienen. Noch anregender als unsere beschriebene Konstruktion ist ein auf den Erdentag gestimmtes Bett. Nach Hans Cousto stellt es eine wunderbare Ergänzung zu tantrischen Ritualen dar.[62] Auch hier gilt wieder: Ihrer Fantasie und Ihrer Kreativität sind keine Grenzen gesetzt. Seien sie kosmisch-kreativ.

Zusammenfassung und weitere Anregungen

Sie haben eine Fülle von Anregungen zum Ausprobieren kennengelernt. Die verschiedensten Dimensionen des Lebens werden dadurch gestreift, berührt und tiefgreifend transformiert.

Legen Sie feste Zeiten für die Beschäftigung mit den Klang-Archetypen fest, um den Ritualcharakter zu erhöhen. Denken Sie auch daran, daß diese Arbeit religiöse, soziologische, energiemedizinische Dimensionen berührt, deren Potential aus der Begegnung mit vielen Kulturen stammt.

Als vollständiger Mikrokosmos sind wir im Ein-Klang mit dem Makrokosmos, verbunden durch komplexe und tiefgreifende Resonanzwirkungen der Klang-Archetypen.

Energetische Arbeit am Menschen zeitigt tiefe und relativ schnelle Fortschritte auf den vielfältigen Ebenen der Existenz.

Erfahrene Therapeuten wissen, daß eine Behandlung mit den Klang-Archetypen sorgfältigst z.B. auf der psychotherapeutischen Ebene begleitet werden muß. Es mag sich auch herausstellen, daß weitere Aktivitäten vonnöten sind, beispielsweise Maßnahmen im Sinne der Entgiftung des Organismus.

Aus eigener Erfahrung weiß ich, daß seit des Einsatzes des Egely-Wheels deutlich wurde, wie unglaublich niedrig das allgemeine Energieniveau vieler Menschen ist. Es hat sich diesbezüglich als sehr nützlich erwiesen, bioenergetische Programme zu integrieren und vor allem intensiv mit dem Klang-Archetyp des Erdentages zu arbeiten.

Suchen Sie einen seriösen Arzt oder Heilpraktiker. Suchen Sie sich jene Adresse aus, deren Inhaber auch mit den Klang-Archetypen arbeitet. (Eine Liste können Sie bei Planetware/Fritz Dobretzberger in München anfordern.)

Schluß

Wir sind nun am Ende des Buches angekommen. Der Rundgang durch die Kulturgeschichte unserer kosmisch gestimmten Heimat hat uns über den Einblick in unsere verdrängten Bewußtseinsebenen zu konkreten Anleitungen zur heilenden Energiearbeit geführt. Ihr Ziel ist die Befreiung unseres kosmischen Bewußtseins und unserer gebundenen Energien. Mit den abschließenden Anregungen zur Gestaltung Ihres Wohnraumes, mit denen wir die Klang-Archetypen im Alltag verankern, möchte ich dieses Buch abschließen, jedoch nicht ohne mich für Ihre Begleitung zu bedanken. Wenn Sie Interesse haben, sehen wir uns vielleicht in einem der von mir und meiner Lebensgefährtin veranstalteten Seminaren.

Ich wünsche Ihnen viel Freude, wunderbare kraftvolle Energien und tiefen Frieden in Ihrem Leben, neue heilsame Anregungen und Perspektiven für die heilerische Arbeit sowie erfüllende Erfahrungen in der Welt der Klänge des Lebens.

»Eins sein mit dem Kosmos heißt auch alle seine Sinne und sinnlichen Genüsse in Übereinstimmung mit dem Kosmos zu bringen. Je mehr wir uns darin einschwingen, um so mehr können wir die kosmische Ekstase in uns erleben – körperlich, seelisch wie geistig. Keines der Drei steht über dem anderen. Alle sind Teil des Wesens Mensch, das man auch Individuum nennt. Individuum heißt Unzerteilbares. Wer da einen Teil ausschließt, kann niemals als Ganzes in den bewußten Genuß des wahren, universellen Einklangs gelangen.«

Hans Cousto

Anhang 1: Steve Schroyder, ein Pionier der kosmisch gestimmten Musik

Eigentlich heißt Steve Schroyder Wolfgang Schröder und lebt in Freiburg. In seinem Musikstudio entstehen zwischen einer beachtlichen Anzahl von modernsten Synthesizern, Computern, Mischpult und anderem Equipment beeindruckende Klang-Kompositionen, die bis heute ihresgleichen suchen. Steve Schroyder ist mit den anderen Begründern der Berliner Electronic-Music-Szene wie Edgar Froese und Christopher Franke ein Pionier, der seinen Hörern völlig neue Bewußtseinsräume erschließt. Besagte drei Musiker spielten als Musikgruppe Tangerine Dream das Jahrhundertwerk *Alpha Centauri* ein, das heute weltweit unangefochten als einer der großartigsten musikalischen »Mind-Opener« dieses Jahrhunderts gilt.

Nach folgenden musikalischen Projekten mit Musikformationen wie Ashra Temple, einer Ausbildung zum Orgelbauer mit Berufstätigkeit in Deutschland und Frankreich sowie einem musikwissenschaftlichen Studium gründete Schroyder in Freiburg die Musikgruppe »Augenstern«. Zusammen mit seinem kongenialen Partner Gene Gross produzierte er das weithin bekannt gewordene Werk »Mikrokosmopera«, ein ambitioniertes Pflanzenmusikprojekt, in dessen Mittelpunkt das Mysterium des pflanzlichen Lebens vom Keimen des Samenkorns bis zum Verwelken steht. All diese Zusammenhänge sowie die Größenproportionen der Pflanzen wurde in Musik umgesetzt und zu einem hochsensiblen akustischen Experiment verdichtet.

1987 stieß Schroyder im Zuge seiner Beschäftigung mit den harmonikalen Arbeiten Keplers auf Hans Cousto und seine mathematische Entdeckung der kosmischen Oktave. Fasziniert von diesen Ansätzen produzierte er zu Coustos Buch *Klänge – Bilder – Welten* ein gleichnamiges Doppelalbum: Das erste völlig im Einklang mit dem Kosmos stehende musikalische Werk. Buch und CD ebneten den Weg zum Erfolg. Im gleichen Jahr produzierte »Augenstern« auch das Klangmaterial zu Margo Anands Skydancing-Projekt, einem multimedialen abendfüllenden Kunstwerk zum neuen Tantra, das mit großem Erfolg in Deutschland und der Schweiz aufgeführt wurde.

Schroyder vertiefte sich des weiteren zunehmend in die musikalische Kunst der Horoskopvertonung. Nach der Ermittlung der persönlichen Planetentonleiter auf Basis der Geburtsdaten komponiert er für seine Auftraggeber eine individuelle

»Sternenmusik«. Ergebnis ist eine tief beeindruckende Klang-Komposition, die jeden Menschen zutiefst berührt, der mit der Musik seines Geburtszeitpunktes konfrontiert wird und die kosmisch verankerten Harmonien der eigenen Existenz bewußt wahrnehmen kann.[64]

Zusammen mit dem Hamburger Gong-Vituosen Jens Zygar, der seinerseits durch kosmisch gestimmte Gongs-Performances zu den Vorträgen Joachim-Ernst Berendts aufgefallen war, begann Schroyder dann mit einem neuen Projekt: der Vertonung der harmonikalen Strukturen unseres Universums.

Das Starsound-Orchestra war somit geboren, und die inzwischen leider vergriffene CD-Produktion *Planets* führte den Hörer in völlig neue Hör-Dimensionen bis an den Rand des überhaupt Faßbaren. Diese Zeit sorgte für den großen Durchbruch der Gruppe, und auch die gleichnamige CD wurde ein Hit. Weiterhin produzierte Schroyder ein musikalisches Set »Music for Breathing«, speziell konzipiert für Rebirthing-Sitzungen. Aus den Erfahrungen der Rebirthing-Teilnehmer stammen ein Großteil der Erfahrungserkenntnisse über die tiefgreifenden Wirkungen der Klang-Archetypen, auch jener der entfernteren Planeten.

Steve Schroyders musikalische Arbeit hat uns einen Brückenschlag zwischen diesen für uns oftmals so getrennten Ebenen des Mikro- und Makrokosmos geschaffen. Das Transportvehikel ist die kosmisch gestimmte Musik. Therapeuten im In- und Ausland arbeiten seit Jahr und Tag mit Schroyders Material und schätzen es sehr.

Darum hat er auch die Begleit-CD zu diesem Buch produziert. Lassen Sie sich von den prachtvollen Klanggeweben zu den Klang-Archetypen von Erde und Mond und durch die Meditation zu neuen heilsamen Horizonten und frischen Energien tragen.

Anhang 2: Farbmusik – kosmisch gestimmte Noten

Die Erkenntnisse um die Klang-Archetypen haben sich in den letzten 20 Jahren weit verbreitet und haben neben der therapeutischen Welt auch Einzug in die Musikwissenschaften gehalten. Besonders erwähnenswert ist hier das Konzept der Farbnoten. Ton und Farbe stehen seit Urzeiten in einer engen Beziehung. Dies bezeugen schon Wortanalogien wie »Farbton« und »Tonfarbe«. Interessanterweise gab es bereits in alttestamentarischer Zeit Hinweise, daß die sieben Farben des Regenbogens den sieben Tönen der Tonleiter entsprechen.

Noch bevor die klassische Notenschrift erfunden worden war, begegnen uns im 11. bis 13. Jahrhundert die sogenannte diastematische Notenschrift mit farbigen Linien und Darstellungen der Tonhöhen in Rot, Gelb und Grün.

Zur Zeit der Romantik begannen Komponisten wie Liszt, Mussorgskij und Reger ausgewählte Gemälde zu vertonen. In unserem Jahrhundert

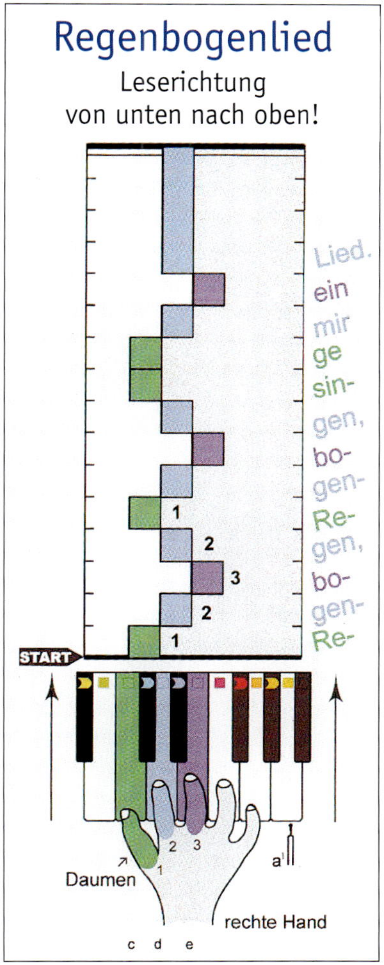

wurden immer mehr Experimente unternommen, um die Töne mit den Farben zu kombinieren und entsprechende Werke auch aufzuführen. Aktuelle Beispiele sind die prachtvollen Lightshows auf Live-Konzerten. Sind es dort ursprünglich primär Abhängigkeiten zwischen Lautstärke und Licht, so finden wir heute gerade in der Techno-Szene dank der Arbeiten von Hans Cousto kosmisch gestimmte Lightshows mit grandioser Tiefenwirkung.

Hans Cousto gehörte 1978 der Münchener Künstlergruppe InForm-Art an, als er die Gesetzmäßigkeit der kosmischen Oktave erkannte. Es wurde sehr schnell begonnen, praktische Anwendungen der in Farbe übersetzten Noten zu schaffen. Zunächst markierte das Münchener Team Klaviertasten und die Griffbretter von Saiten mit den kosmisch gestimmten zwölf Farben und begann Erfahrungen damit zu sammeln. Martin Samay entwarf dann die ersten kosmisch gestimmten Farbnoten, die er als rechteckige Farbflächen darstellte.

Der InFormArtist Fritz Dobretzberger hatte dann die geniale Idee, die rechteckigen Farbnoten in einem genauen Koordinatensystem darzustellen; die Notenlänge analog der Tondauer und diametral dazu die Notenlage entsprechend der Tonhöhe. In den darauffolgenden Jahren perfektionierten Fritz Dobretzberger und Johannes Paul ihr neuartiges Farbnotensystem. Ein Ergebnis war die Veröffentlichung ihres bekannten Standardwerkes »Farbmusik-Leitfaden für eine kombinierte Farben- und Musiklehre.«[65]

Gemeinsam mit dem Klavierpädagogen Klaus Schmid wurde eine neuartige Klavier- und Keyboard-Schule entwickelt und in mehreren Heften mit kosmisch gestimmten farbigen Tastaturaufklebern veröffentlicht.

Eine weitere große Veröffentlichung ist der Triptychon »Beethovens >Für Elise< in Farbnoten«.[66]

Die Resonanzen auf dieses innovative, kosmisch gestimmte Lernkonzept sind geradezu herausragend. Klavierlehrer und Eltern äußern sich europaweit begeistert über die didaktisch ausgereiften Lernkonzepte. Fazit: Anfänger lernen das Notenlesen und -spielen in einem Zehntel der herkömmlichen Zeit.

Ein weiterer prominenter Verehrer mit weitem Horizont ist der inzwischen leider verstorbene Staatsintendant und Präsident der Bayrischen Theaterakademie August Everding. Er äußerte sich dazu wie folgt: »Sie fragen mich nach dem Gewinn, den das bringt. Ich muß sagen: Aus abstrakten schwarze Notenköpfen werden farbige Bilder, die man in Klänge umsetzen kann, und das ist ein sinnlicher Vorgang, das ist wunderbar. Ich habe gerade den Tristan inszeniert, und im Tristan kommt ein aufregender Satz vor, nämlich ›Hör ich das Licht‹. Man kann Licht nicht hören, aber er hört das Licht. Und so kann man das fast umdrehen und sagen: ›Seh ich den Klang.‹ Es ist ein Notationsgemälde, und aus diesem Gemälde ziehe ich mir die Kraft der Musik heraus.«

Allen Interessierten seien die Klavierschulpublikationen »Easy Keys« ans Herz gelegt.

Anhang 3: Wichtige Akupunkturpunkte

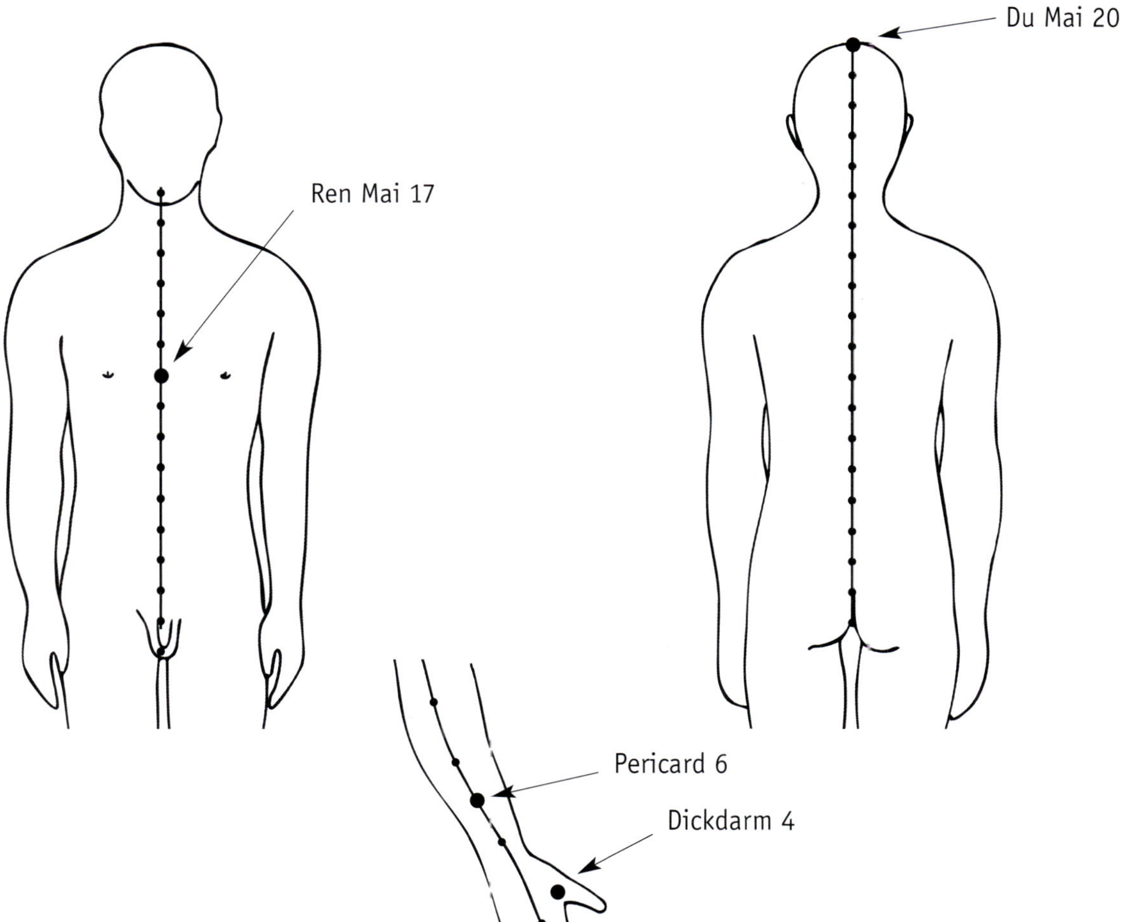

Anmerkungen

1. zitiert aus: Ken Crosswell*: Das majestätische Universum*, München 1999, S. 50.
2. Ein von dem Soziologen Max Weber geprägter Begriff.
3. Dschuang Dse, zitiert in: Knut Wald, *Tao für den Westen*, München 1989, S. 73.
4. Ebd, S. 74
5. zitiert aus: Platon, *Timaios*, Insel Verlagsausgabe, Frankfurt 1991, S. 221-223
6. Hans Cousto: *Die kosmische Oktave*, Essen 1984, teilweise wörtlich zitiert, S. 75
7. zitiert aus ENCARTA 99: *Columban, heiliger* (um 543—615), irischer Missionar, geboren in Leinster (Irland). Er lebte und lernte beim heiligen Comgall im Kloster Bangor (County Down). Im Alter von etwa 40 Jahren verließ er mit 12 Gefährten Bangor, zog auf den Kontinent und gründete im Nordosten Frankreichs, in den Vogesen, einige Klöster, u.a. das von Luxeuil. Da er sich zur Berechnung des Osterdatums der keltischen Methode bediente, kam es 602 zu Kontroversen zwischen ihm und den französischen Bischöfen. Seine Kritik an der Unmoral am burgundischen Hof führte schließlich zu seiner Verbannung aus Frankreich. 612 gründete er das Kloster Bobbio in der Lombardei. Sein Festtag ist der 23. November.
8. zitiert aus: Maria Schindler, *Columban*, Zürich 1934, S. 64f.
9. zitiert aus ENCARTA 99: Ptolemäus` frühestes und bedeutendstes Werk, das ursprünglich in Griechisch verfaßt war, wurde als *al-Majisti* ins Arabische übersetzt. In Europa gaben dann mittelalterliche lateinische Übersetzungen den Titel als *Almagesti* wieder; seitdem wird das Werk einfach als *Almagest* betitelt. Ptolemäus stellte darin in einem geometrischen Modell seine Theorie vor, die die sichtbaren Bewegungen und Positionen der Planeten und die von Sonne und Mond vor dem Hintergrund unbeweglicher Sterne erklärt. Das Werk enthält keinerlei physikalische Beschreibung der Objekte im Weltraum.

   Ptolemäus vertrat die damals allgemein gültige Theorie, daß die Erde der Mittelpunkt des Universums ist (geozentrisches Weltsystem). Ptolemäus glaubte, daß sich Planeten, Sonne und Mond auf kleinen Kreisbahnen bewegen, deren Mittelpunkt aber auf viel größeren Bahnen um die Erde kreisen. Dieses System deckte sich mit den meisten Beobachtungen der Astronomen.

   Ptolemäus verwendete für die kleinen Kreisbahnen, auf denen sich nach seiner Annahme die Objekte im Weltall bewegen, den Begriff Epizykel. Um seine Theorie glaubhaft zu machen, mußte er aber Abweichungen von der traditionellen Mathematik in Kauf nehmen. Diese Unstimmigkeit war einer der Gründe, weshalb der polnische Astronom Nikolaus Kopernikus das ptolemäische System im 16. Jahrhundert ablehnte. Statt dessen entwickelte er eine heliozentrische Theorie, in der richtigerweise die Sonne im Mittelpunkt des Sonnensystems steht ... .
10. zitiert nach einer Mitschrift aus einem Kolloquium zu Thomas Kuhns »Struktur wissenschaftlicher Revolutionen« an der Universität Köln.
11. Die leidenschaftliche Kontroverse zwischen NASA, Harvard-Universität und Velikovsky sowie der Briefwechsel zwischen Velikovsky und Einstein sind im Internet bestens dokumentiert. Als Startadresse empfiehlt sich hhtp::/velikovsky.collision.org.
12. Fritjof Capra dokumentiert in seinem Buch *Wendezeit* eine Fülle von Material, München/Bern 1986.
13. vgl u.a.: Wilhelm Reich: *Charakteranalyse*, Frankfurt 1972.
14. Alexander Lowen: *Bioenergetik*, München 1982.
15. Hazrat Inayat Khan ist eine renommierte Größe auf dem Gebiet der indischen Religion, Musik, Philosophie und Mystik. Sein Buch *Musik und kosmische Harmonie* vermittelt tiefe Einblicke in das Verständnis der indischen Musik.
16. vgl. Cousto: *Die Kosmische Oktave*, Essen 1984, S. 23ff.
17. Hans Cousto: *Die Töne der Kosmischen Oktave*, Berlin 1995
18. Der Tageston berechnet sich aus 1:Dauer des Erdentages in Sekunden=1:86400. Der Jahreston berechnet sich aus 1:Dauer des Erdenjahres in Sekunden=1:31557600. Der platonische Jahreston berechnet sich aus der Dauer des platonischen Erdenjahres in Sekunden=1:817413120000. Der synodische Mondton berechnet sich aus der Dauer des synodischen Umlaufes in Sekunden = 1:150338642,5.
19. Genaueste Mathematik liefert Hans Cousto in *Die Kosmische Oktave*, Essen 1984.
20. Rand und Rose Flem-Ath: Atlantis. *Der versunkene Kontinent unter dem ewigen Eis*, Hamburg 1996.
21. Immanuel Velikovsky*: Vom Exodus zu König Echnaton*, Frankfurt 1995.
22. zitiert aus Velikovsky: *Welten im Zusammenstoß*, Frankfurt 1994, S. 192 und 194.

23. s.o., S. 252-258f
24. Zuordnung nach: s.o., S. 252-258f
25. s.o., S. 255f
26. F. Montesinos: *Memorias antiguas historials del Peru*, Band 2, zitiert in s.o., S. 364-365.
27. J. Menant: *La Bibliothèque du Palais de Ninive*, Paris 1880, S. 100; zitiert in: Immanuel Velikovsky, *Welten im Zusammenstoß*, Frankfurt 1994, S. 356.
28. Werner Raffetseder: *Sonnenfinsternis*. München 1999, S. 96.
29. Rupert Sheldrake: *Das schöpferische Universum*, München 1983.
30. Robert Jay Lifton: *Death in Life*, Yale 1968, S. 500.
31. Waltraud Maria Hulke: *Das Farben-Heilbuch*, Aitrang 1991
32. Wilfried Krüger: *Das Universum singt*, Trier 1982, S. 63-67.
33. Hans Baumer: *Spherics*, Reinbek 1979.
34. Grundlegendes Buch zum Verständnis des Chakra-Energiesystems und dessen Behandlung ist das Werk von Shalila Sharamon und Bodo Baginski: *Das Chakra-Handbuch*, Aitrang 1991.
35. Upanishaden, Eugen Diederichs 1998
36. Shalila Sharamon/Bodo Baginski: *Das Chakra-Handbuch*, Aitrang 1991, S. 118ff.
37. Li Gi – *Buch der Riten, Sitten und Bräuche*, Eugen Diederichs, S.73.
38. Knut Wald: *Tao für den Westen*, München 1989, S. 26.
39. Waltraud Maria Hulke: *Das Farben-Heilbuch*, Aitrang 1991, S. 62-63.
40. Wolf-Dieter Storl: *Der Garten als Mikrokosmos*, Freiburg 1988, S. 208.
41. Maria Hulke: *Das Farben-Heilbuch*, Aitrang 1991, S. 51.
42. Hans Cousto: *Die Kosmische Oktave*, Essen 1984, S. 103 ff.
43. Unter Gravitationslänge versteht man den Radius eines Körpers, bei dem die Gravitation (Schwerkraft) so groß wird, daß selbst das Licht nicht mehr entweichen kann. Im Klartext: Es entsteht ein schwarzes Loch.
44. Detaillierte Angaben zu diesen Messungen finden Sie in *Die kosmische Oktave* von Hans Cousto.
45. Thorwald Dethlefsen/Rüdiger Dahlke: *Krankheit als Weg*, München 1989, S. 16.
46. Jens Zygar: *Das kreative Gong-Buch*, Südergellersen 1994, S. 36.
47. s.o.
48. s.o., S. 35.
49. zitiert in J.E. Berendt: *Ich höre, also bin ich*, Freiburg 1989, S. 55-57
50. Jennifer Louden: *Das Wohlfühlbuch für Frauen*, Freiburg, 1992.
51. Dieser Absatz ist zitiert aus: Alexander und Leslie Lowen, *Bioenergetik für jeden*, München 1990, S. 18.
52. Barbara Ann Brennan: *Licht-Arbeit*, München 1990
53. Brennan beschreibt noch eine ganze Reihe weiterer diagnostischer Pendelfiguren, s.o., S. 160 ff.
54. Besonders empfehlen möchte ich das klinisch fundierte und kompakte Einführungswerk *Akupunktur* von Gabriel Stux, Berlin 1986.
55. Peter Mandel: *Farbpunktur*, Bruchsal 1986 – ein fantastisches Kompendium zu diesem Thema.
56. Dr. med. Erwin Schick: *Phonophorese*, Essen 1984.
57. Lamy, Jean: Acupuncture – Phonophorèse, Paris 1987
58. Information über: Naturheilpraxis Claudia Gilz, Augustenfeldstraße 24 a, 80 999 München.
59. Im Internet finden Sie unter hhtp://www.scn.org/fremont/acu/sonopuncture.html weitere Informationen.
60. Dazu gibt es von Harald Jordan das hervorragendes Buch zu diesem Thema aus westlicher Sicht: *Räume der Kraft schaffen*.
61. Hans Cousto: Die Oktave, Simon + Leutner, S. 124 ff.
62. Ein wunderschönes Buch zu diesem Thema: *Tantra oder die Kunst der sexuellen Ekstase* von Margo Anand.
63. Hans Cousto: *Die Oktave*, Berlin, 1988, S. 132.
64. Sind Sie an einer Vertonung Ihres Horoskops interessiert, wenden Sie sich an die Firma Planetware, München.
65. Diese und die im folgenden genannten Schriften können Sie beziehen über die Firma Planetware, München.

Literatur

Anand, Margo: *Tantra oder die Kunst der sexuellen Ekstase.* München 1990

Brennan, Barbara Ann: *Licht-Arbeit*, München

Berendt, J. E.: *Ich höre, also bin ich*. München 1993

Berendt, J. E.: *Nada Brahma*. Reinbek 1985

Bruyere, R. L.: Das Geheimnis des *Chakras,* München 1998

Capra, Fritjof: *Wendezeit*. München 1999

Charpentier, L.: *Die Geheimnisse der Kathedrale von Chartres,* vergriffen.
Ein kleines Buch mit bombastischem Inhalt. Chartres und seine kosmischen Maße.

Cousto, Hans: *Die kosmische Oktave*, Essen 1984
Das informative Grundlagenwerk des Entdeckers der »Klang-Archetypen«.

Cousto, Hans: *Die Oktave*, Berlin 1987.

Cousto, Hans: *Klänge, Bilder, Welten*, Berlin 1989.

Crosswell, Ken: *Das majestätische Universum,* München 1999

Dobretzberger, Fritz/Paul, Johannes & Schmid, Klaus: *Easy Keys – Klavier- und Keyboardspielen leichtgemacht*, Planetware-colormusic

Dobretzberger, Fritz/Paul, Johannes: *Farbmusik – Leitfaden für eine kombinierte Farben- und Musiklehre*, Berlin 1993

Dürckheim, Karlfried Graf: *Hara*, vergriffen.
Eine hervorragende Einführung in das chinesische Denken.

Fincher, Susanne F.: *Mandala-Malen*, Braunschweig 1992.

Flem-Ath, Rand und Rose: *Atlantis. Der versunkene Kontinent unter dem ewigen Eis*. Hamburg 1996

Hesse, Hermann: *Das Glasperlenspiel*, Frankfurt 1999

Hulke, Waltraud Maria: *Das Farben Heilbuch*, Windpferd

Huyser, Anneke: *Klangschalen in der therapeutischen Praxis,* NL-Diever

Jordan, Harald: *Räume der Kraft schaffen,* Freiburg 1998

Kepler, Johannes: *Weltharmonik*, München 1997
Kepler beschreibt hier das Universum aufgrund harmonikaler und geometrischer Berechnungen. Ein unbeschreibliches Buch über Perrots Glasperlenspiel und über die alle Wissenschaften einigende Sprache. Muß man einfach lesen!

Khan, Hazrath Inayat: *Das Erwachen des menschlichen Geistes,* Essen 1982
Ein Grundlagenwerk des weltbekannten Sufi-Meisters, der bereits 1924 vom »Planetarischen Bewußtsein« redete.

Krüger, Wilfried: *Das Universum singt,* Trier 1982

Lamy, Jean: *Acupuncture – Phonophorèse,* Paris 1987

Li Gi – *Buch der Riten, Sitten und Bräuche,* München 1994

Lifton, Robert Jay: *Death of Life,* Yale 1968

Louden, Jennifer: *Tu dir gut! Das Wohlfühlbuch für Frauen.* Freiburg 1999

Lowen, Alexander und Leslie: *Bioenergetik für jeden,* vergriffen

Lowen, Alexander: *Bio-Energetik,* Reinbek 1988

Mandel, Peter: *Farbpunktur,* Bruchsal 1986

Raffetseder, Werner: *Sonnenfinsternis,* München 1999

Reich, Wilhelm: *Charakteranalyse,* Köln 1989

Reich, Wilhelm: *Rede an den kleinen Mann*, Fischer
Ein kleines erschütterndes Traktat über die blockierte Menschheit und deren (Über-)Leben(skampf).

Schick, Dr. med. Erwin: *Phonophorese,* Essen 1984

Sharamon, Shalila/Baginski, Bodo: *Das Chakra-Handbuch,* Aitrang 1998

Sheldrake, Rupert: *Das schöpferische Universum*, Berlin 1993
Die Revolution in der Biologie. Morphogenetische Felder bestimmen die Gestaltgebung der lebendigen Welt mit und speichern zeitlos kollektive Informationen.

Sieczka, Helmut G.: *Chakra-Harmonie*, Essen 1996

Steinbach, Ingo: *Klangtherapie*, Bruno Martin

Storl, Wolf-Dieter: *Der Garten als Mikrokosmos,* Freiburg 1988

Stux, Gabriel: *Einführung in die Akupunktur*, Berlin 1994

Thorwald, Dethlefsen/Dahlke, Rüdiger: *Krankheit als Weg,* München 1989

Tollmann, Alexander und Edith: *Und die Sintflut gab es doch*. München 1995

Velikovsky, Immanuel: *Vom Exodus zum König Echnaton,* Frankfurt 1995

Velikovsky, Immanuel: *Welten im Zusammenstoß*, vergriffen.

Velikovsky, Immanuel: *Das kollektive Vergessen*, vergriffen.
Velikovskys Bücher stellen die Sicht der astronomischen und historischen Welt auf den Kopf stellen.

Wald, Knut: *Tao für den Westen,* München 1989

Zimmer Bradley, Marion: *Die Nebel von Avalon,* Frankfurt 1987

Zygar, Jens: *Das kreative Gong-Buch*, Südergellesen 1994

Musikempfehlungen

Berendt, Joachim Ernst: *Urtöne 1–3*, 1999
3 CDs mit auf die Klang-Archetypen von Erde, Mond und ausgewählten Planeten gestimmter Monochord-Musik. Ideal für grundlegende Hör-Erfahrungen und Meditationen mit den Klang-Archetypen.

Ostertag, Barbara/Gleixner, Wolfgang: *Die Geburt der Elemente*.
Die meines Erachtens beste Produktion zum Thema mit archaischen Gong-, Percussion- und Monochord-Klängen. Ein Traum für die Stirb- und Werde-Meditation!

Owusu, Heike: *Licht*. Geführte Licht-Mediation zur Heilungsunterstützung, 1999.
Diese Meditation ist musikalisch auf den Jahreston der Erde, also auf CIS gestimmt.

Sayama: *Reiki-Hände,* 1994
Ideal für eine Reiki-Session ist diese auf die Klang-Archetypen gestimmte Komposition, die mit einer Vielfalt asiatischer Instrumente eingespielt wurde. Die CD ist auch als Geschenk-Set mit einem köstlichen Duft-Öl namens Licht-Liebe-Energie zu haben.

Schroyder, Steve: *Klänge des Lebens*, 2000
Eine CD voll kosmisch gestimmter melodischer Klangkompositionen zu den Klang-Archetypen der Erde und des synodischen Mondumlaufes. Sie wurde speziell für dieses Buch produziert und bildet die musikalische Grundlage für unsere Meditationsübungen, kann aber auch als exzellenter Klangteppich für Meditationen aller Art benutzt werden.

Tillmann, Rainer: *The Sound of the Planets – Nada ...*
Eine anmutige Klangschalen-CD mit den Klängen des Erdenjahres, Saturn, Venus und der Sonne.

Vibra, Abaton: *Planet Sound,* 1998
Eine sehr schöne Klangschalenproduktion mit den irdischen, lunaren und solaren Klang-Archetypen sowie den Klang-Archetyp des Merkurs.

Zygar, Jens: *Gongs*
Eine herausragende, in sich ruhende CD mit kosmisch gestimmter Gongmusik. Ideal für Meditationen.

Bezugsquelle/Bildnachweis

Prana-Haus

(Spezialist für ausgewählte esoterische und spirituelle Literatur, CDs und kosmisch gestimmte Accessoires)
Kronenstrasse 2–4,
79100 Freiburg,
Deutschland
Tel: +49 (0)180 5001800
Fax: +49 (0)761 701811
E-Mail: hermann-bauer-kg@t-online.de
Internet: http://www.prana-haus.de

Autorenanschrift:

SIRIUS Institut für Klang und Transformation & globale Bewußtseinsforschung
Im Holte 12, 58285 Gevelsberg, Deutschland
E-Mail: sirius@cmd-online.de

Die Internet-Adresse zum Buch lautet:
http://www.cmd-online.de/klaenge.htm

Bildnachweis

Creative Collection: S. 8, 18, 32. 52, 59, 67, 78, 118, 121, 125; Archiv für Kunst und Geschichte: S. 21, 26; Fritz Dobretzberger/Christian Appelt: S. 29; M. Dauenheimer/CMSP/Okapia: S. 35; Werbeatelier ArKon (nach einer Vorlage von Ito Joyoatmojo): S. 52, 63, 68, 74, 77; Photo Disc: S.73;Galerie: S. 115; Foto Disc: S. 130; Sammlung Jens Zygar; Claudia Rosenthal: S. 145; Prana Haus: S. 147, 155; Christian Appelt: S. 157; Dobretzberger: S. 162; S. 164: Christian Appelt

Hat Sie das Buch gut eingestimmt? Seminare zum Thema

Sind Sie neugierig geworden auf mehr Praxisarbeit und den lebendigen Erfahrungsaustausch mit Gleichgesinnten? Mit dem Erscheinen dieses Buches beginnt eine Reihe von Wochenendseminaren unter dem Titel

Klänge des Universums – Klänge des Lebens

In dieser Seminarreihe nehmen Sie in der herausragenden Atmosphäre ausgewählter Veranstaltungsorte Kontakt mit den kraftgebenden Energien der Klang-Archetypen von Sonne, Mond und Erde auf, die Sie zu tiefem Ur-Vertrauen mit der Welt und zu frischen neuen Energien für Ihr Leben führen. Dabei variieren die Seminarthemen im Ein-Klang mit den Jahreszeiten.

Wir bedienen uns intensiv belebender bioenergetischer Energiearbeit, geführter Meditationen, erholsamen Mandala-Malens und selbstverständlich auch der schöpferischen Kraft kosmisch gestimmter Musik, Gongs, Klangschalen und Stimmgabeln, deren Anwendungen wir ebenfalls lernen.

Zur praktischen Arbeit daheim lernen Sie auch die Grundzüge der Chakra-Pendeldiagnose nach Laura Ann Brennan.

Haben Sie Interesse und Lust auf mehr bekommen? Nähere Informationen, Termine und Preise bekommen Sie bei der

Wir freuen uns auf die inspirierende Begegnung mit Ihnen im Einklang mit dem Universum in uns und um uns.